KÖLN
Deutsch – English – Français – Italiano

KÖLN

DEUTSCH ENGLISH FRANÇAIS ITALIANO

Photos von Gerhard P. Müller

Einführung und Bildlegenden
Foreword and Description of Illustrations
Préface et légendes
Introduzione e didascalie
Klaus Liebe

Süddeutscher Verlag

Mit 57 Farbphotos von Gerhard P. Müller.
Das Bild Nr. 7 stammt von Rainer Gaertner, Photograph DGPh,
die Bilder Nr. 51 und 52 stammen von Josef H. Neumann.

Übersetzung ins Englische: Patricia Goehl
Übersetzung ins Französische: Dominique Kirmer
Übersetzung ins Italienische: Manfred Pichler

Schutzumschlaggestaltung: Kaselow-Design, München

Das Photo auf der Vorderseite zeigt den Kölner Dom (Bild Nr. 10), das
auf der Rückseite eine Szene aus dem Kölner Karneval (Bild Nr. 51).

ISBN 3-7991-6465-0

© 1990 Süddeutscher Verlag
in der Südwest Verlag GmbH & Co. KG, München
Alle Rechte vorbehalten
Printed in Germany
Druck: Staudigl, Donauwörth
Bindearbeit: Conzella, München

Bildverzeichnis   List of Illustrations   Liste des illustrations   Indice delle fotografie

KÖLN

Köln – das war im Mittelalter die größte und reichste Stadt Deutschlands, und die mächtigste dazu. Köln – das war schon vor über eintausend Jahren eine der bedeutendsten Metropolen Europas. Köln – das war zuallererst das heilige, das »hillige« Köln, das sein Bestreben darin sah, ebenbürtig neben Jerusalem und Rom zu stehen. Schon unter den ottonischen Kaisern wurde es im 10. Jahrhundert Weltstadt, Zentrum kirchlicher wie staatlicher Macht in Deutschland. Die Erzbischöfe von Köln waren zugleich auch die weltlichen Herren der Stadt und als Reichsfürsten die einflußreichsten Ratgeber und Helfer der mittelalterlichen deutschen Kaiser.

Die uralte Römerstadt am Rhein, die sich als »Rom des Nordens« empfand, umgürtete und schützte sich Ende des 12., Anfang des 13. Jahrhunderts mit der gewaltigsten mittelalterlichen Stadtmauer nördlich der Alpen. Dieser Befestigungsring war rund achttausend Meter lang und hatte zwölf Tore, er umschloß den wichtigsten deutschen Wallfahrtsort, in dem seit dem Jahre 1164 die Gebeine der Heiligen Drei Könige verehrt wurden – das Köln der Kirchen und der Türme, das heilige Köln, Abbild und Inbild des himmlischen Jerusalem. Der Mauerring wurde nie überwunden, von keiner Macht eingerissen. Er bewahrte die Stadt selbst im Dreißigjährigen Kriege vor der Zerstörung, schützte die Bürgerstadt vor den Angriffen ihrer eigenen Erzbischöfe, gab ihr über Jahrhunderte die Sicherheit und Ruhe, aus denen heraus sie ihre Macht entfalten konnte; bis die Kölner Bürger sie dann selber einrissen, 1881, als die Stadt in den Gründerjahren stürmisch wuchs und über die Grenzen der Tradition hinausdrängte, hinein in den industriellen Aufbruch, hinein ins zwanzigste Jahrhundert. Nur drei Tore blieben übrig, neben ein paar Mauerresten, und auch das nur deshalb, weil die preußische Regierung darauf bestand. Die Kölner von heute wären ihren so ungestümen Vorfahren dankbar für das Erbe der ganzen Mauer, dieser in Europa einmaligen zwölftorigen Stadtbefestigung, doch die Bürger von damals wollten sich solche Sentimentalitäten nicht erlauben. Sie konnten ja auch noch nicht wissen, daß nach den verheerenden Zerstörungen des Zweiten Weltkriegs jeder steinerne Rest aus dem alten Köln für die Kölner ein Stück ihrer Identität sein würde.

Solche Relikte gibt es in Köln noch immer in Fülle. Sie weisen, wie das erst während des letzten Krieges zufällig entdeckte Dionysos-Mosaik oder die Reste des einstigen römischen Prätoriums, die auch erst 1953 ans Licht kamen, auf über fast zweitausend Jahre zurück. Kölns Geschichte hat ihre Wurzeln in der Römerzeit.

Im Jahre 55 v. Chr. hatte Cäsar von Gallien aus den Rhein erreicht. Dort, wo er ihn zum ersten Male überschritt, beim heutigen Neuwied, wohnten rechtsrheinisch die germanischen Ubier, die als einzige unter den germanischen Stämmen mit den Römern paktierten. Zum Schutz der unruhigen Rheingrenze siedelte im Jahre 38 v. Chr. der römische Feldherr Marcus Vipsanius Agrippa die Ubier am linken Rheinufer an – in der jetzigen Kölner Bucht. Er gründete das Oppidum Ubiorum, eine wichtige Grenzfestung gegen die rechtsrheinischen Germanen, sozusagen die Kernzelle des späteren Köln. Im Jahre 50 n. Chr. erreichte Julia Agrippina, die hier im Oppidum Ubiorum geborene Gemahlin des Kaisers Claudius, daß der Ort, der auch ein wichtiger Militärhafen und Handelsstützpunkt am Rhein war, Stadtrechte erhielt. Mit den Stadtrechten kam auch der neue Name: Colonia Claudia Ara Agrippinensium, abgekürzt CCAA. Mit der Erhebung zur römischen Stadt erhielt die Colonia eine feste, steinerne Stadtmauer, die das rund einen Quadratkilometer große Gebiet quadratisch umfaßte. Die Colonia wurde bald als Alterswohnsitz bei Soldaten, die keinen Dienst mehr taten, beliebt. Diese Veteranen legten Güter im Umkreis der Stadt an, Handwerker stießen hinzu, und Köln blühte auf. Als 90 n. Chr. eine Verwaltungsreform die römischen Gebiete am Rhein neu ordnete, wurde Köln Hauptstadt der Provinz Niedergermanien. Der römische Statthalter regierte vom Prätorium aus, dessen Fundamente heute jedermann unter dem jetzigen Rathaus besichtigen kann – Einheit von Ort und Zeit!

Kaiser Konstantin ließ im Jahre 310 dann auf der rechten Rheinseite das Kastell Deutz anlegen und eine feste Brücke über den Rhein bauen. Als dann zu Anfang des 5. Jahrhunderts die römischen Legionen von der Rheingrenze zurückgezogen wurden, kam Köln unter die Herrschaft der Franken. Längst war es nun eine christliche Stadt, und der Bischof Kunibert verstand es, als Berater der fränkischen Beamten kirchliche mit weltlicher Macht geschickt zu vereinen. Unter Karl dem Großen wurde dessen enger Freund Hildebald erster Erzbischof von Köln. Als Hildebald 818 starb, war der Bau des alten, des karolingischen Domes an der Stelle des heutigen gotischen bereits begonnen.

Unter Erzbischof Bruno, dem jüngsten Bruder Kaiser Ottos I., der 953 zugleich auch Herzog von Lothringen wurde, blühte Köln zur Weltstadt auf. Zahlreiche Klöster und Kirchen wurden gestiftet und Kölns heutiger Weltruf als Stadt der romanischen Kirchen – zwölf davon kann man heute noch sehen – gründet in diesem stadtgeschichtlich so reichen Jahrhundert. Freilich, die Verschmelzung weltlicher und kirchlicher Macht in der Hand der Erzbischöfe, wie es seit Bruno für Jahrhunderte Institution blieb, paßte den Kölner Bürgern gar nicht. Sie fühlten sich in ihren Rechten eingeschränkt. Immer wieder kam es zu Aufständen und Machtproben, bis sich die Kölner 1288 in der Schlacht von Worringen (heute ein nördlicher Vorort der Stadt) endgültig politische Freiheit von ihrem Erzbischof erkämpften und diesen aus der Stadt vertrieben. Fortan durften die Kirchenfürsten die Stadt nur noch zu kirchlichen Feierlichkeiten betreten. Sie residierten jetzt in Bonn, der von den Kölnern bis heute etwas herablassend behandelten Nachbarstadt am Rhein. Und es hat wohl historische Wurzeln, zeugt von uralten, tiefsitzenden Ängsten, wenn die Kölner bis heute nur selten ein gutes, herzliches Einvernehmen mit ihren Erzbischöfen haben.

Schon unter Erzbischof Bruno wurde die Stadt zum ersten Male erweitert. Dort, wo heute um die Kirche Groß St. Martin das Herz der Altstadt liegt, wurde eine Rheininsel durch Zuschütten des Fluß-Nebenarms zu einer Vorstadt. Anfang des 12. Jahrhunderts band eine neue Stadterweiterung bedeutende Ländereien und Stifte, die bis dahin außerhalb der alten Römermauer lagen, in die Stadt Köln ein, so das Stift St. Pantaleon. Die dritte, sehr weitreichende Vergrößerung der Stadt war dann verbunden mit einem der vielen Konflikte zwischen den Kölner Bürgern und dem Erzbischof. 1180 hatte die Bürgerschaft gegen den Willen des Erzbischofs begonnen, jene mittelalterliche gewaltige Mauer um die Stadt zu bauen. Kaiser Barbarossa mußte den Streit schlichten – Selbstbewußtsein und Macht der Kölner Bürger wuchsen. Bereits 1164 hatte ein anderes Ereignis ähnliche Folgen nach sich gezogen: Erzbischof Rainald von Dassel, der Kanzler Kaiser Friedrich Barbarossas, hatte die Reliquien der Heiligen Drei Könige in feierlichem Zug von Mailand in die Stadt Köln gebracht – Köln wurde nun Ziel riesiger Pilgerströme, die Geld und Waren in die Stadt brachten, und Bürger der Stadt Köln zu sein, zahlte sich vielfach aus.

1248 begann die Stadt mit dem Bau des neuen, gotischen Doms. Er sollte nicht nur den Gebeinen der Heiligen Drei Könige eine würdige Heimstatt und den Massen der Pilger Platz bieten – er sollte die größte bis dahin erbaute christliche Kirche werden. Köln dokumentierte hier seine Macht, auch wenn die Arbeiten am Dom dreihundert Jahre später eingestellt werden mußten und erst im 19. Jahrhundert, unter preußischer Herrschaft, zu Ende geführt werden konnten.

Erzbischof Konrad von Hochstaden, der den Grundstein zur gotischen Kathedrale legte, verlieh der Domstadt am Rhein 1259 das Stapelrecht und sorgte damit für eine kräftige, jahrhundertelang fließende Einnahmequelle: Alle Waren, die den Rhein auf- oder abwärts transportiert wurden, mußten in Köln für drei Tage ausgeladen, »gestapelt« werden. Kölner Kaufleute hatten ein Vorkaufsrecht, und die Stadt profitierte durch Zölle und Abgaben bei diesem Umschlag, ja man kann sagen, sie lebte davon. Erst in den dreißiger Jahren des vorigen Jahrhunderts erlosch das Kölner Stapelrecht.

In Anlehnung an das »Studium Generale« des Dominikaners Albert des Großen wurde 1388 in Köln die erste bürgerliche Universität Deutschlands ins Leben gerufen, die Albertus-Magnus-Universität, der Stolz der Stadt, bis sie 1794 von französischen Revolutionstruppen geschlossen wurde. Erst 1919 lebte sie unter dem damaligen Oberbürgermeister Konrad Adenauer wieder auf.

Das Selbstbewußtsein der Kölner Bürger richtete sich nicht nur gegen die Erzbischöfe: 1396 wurden auch die Patrizier entmachtet, und die Kölner Handwerker übernahmen das Regiment der Stadt. Im sogenannten Verbundbrief schrieben die »Gaffeln«, die politischen Interessenvereinigungen der Zünfte, eine neue, bürgerliche Stadtverfassung nieder, und 1475 wurde Köln von Kaiser Friedrich III. zur Freien Reichsstadt erhoben –

ein Privileg, das auch erst 1794 mit dem Einrücken der Franzosen in die Domstadt erlosch.

Neben den Kaufleuten, deren Verbindungen bis in die entferntesten Winkel Europas reichten – Köln war auch Mitglied der Hanse – waren es vor allem die Handwerker der Stadt, die durch Fleiß und Kenntnisse, aber auch durch Organisationstalent zum Reichtum Kölns beitrugen. Ihre Zünfte wurden zu mächtigen Zirkeln, die auf die Vorgänge in der Stadt, auf die Beschlüsse des Rats, auf das öffentliche Leben starken Einfluß nahmen. Die 22 »Gaffeln« trotzten dem Rat der Stadt nicht nur immer wieder, sie beherrschten ihn zeitweise sogar. Die Erhebung des Bänderkaufmannes Nikolaus Gülich gegen den korrupten Rat war ein markantes Zeichen für die Macht der Bürger und der »Gaffeln«. Gülich, der zunächst für eine saubere Verwaltung gekämpft hatte, erlag dann selber den Verlockungen der Macht und wurde daher 1686 in Mülheim, auf der rechten, der von den Kölnern so wenig geliebten anderen Rheinseite, enthauptet.

In vielen Handwerkszweigen hatten übrigens in Köln schon früh die Frauen eine führende Stellung. Sie leiteten Betriebe, schlossen Geschäfte ab, verhandelten mit dem Rat der Stadt – bedingt gesehen ein Beispiel für Toleranz und Liberalität, wie sie Köln immer auszeichneten. Es gab in dieser so lange so katholischen und kaisertreuen Stadt auch ein Niederlassungsrecht für Andersgläubige, freilich nur, soweit es den Handelsinteressen Kölns entsprach. Seit 1576 gibt es den »Geusenfriedhof«, auf dem vor allem die protestantischen niederländischen Schiffer und Kaufleute beigesetzt wurden, die in Köln lebten.

Den Juden gegenüber zeigte sich das »heilige« Köln allerdings wenig tolerant. Bei der Pest 1349 kam es zu einem Pogrom, ihr Wohnviertel beim Rathaus wurde angezündet, sie mußten die Stadt verlassen. 1372 wurden sie – mit Einschränkungen – wieder als Bürger zugelassen, doch 1424 mußten sie endgültig aus der Domstadt wegziehen. Erst 1798 bis 1802, unter dem Einfluß der zivilen Rechte der Französischen Revolution, erhielten sie wieder Wohnrecht in Köln – ebenso wie die Protestanten.

In einer Stadt, die weltoffen war, weil sie überallhin ihre Kaufleute sandte – so war Köln der größte Umschlagplatz für Wein in Europa seit der Römerzeit –, die sich Fremdem nicht verschloß und Eigenes besonders pflegte, entstand schnell auch eine Atmosphäre, in der Künstler sich stets wohlfühlten. Der heutige Besucher Kölns mag sich wundern über die Vielzahl der Galerien, über die Anziehungskraft, die Köln inzwischen als Kunststadt entfaltet – für den Kölner hat das alles eine sehr alte Tradition. Schon das späte Mittelalter sah die sogenannte Kölner Malerschule am Werk, deren Künstler bis auf Stefan Lochner namentlich nicht bekannt sind, die der Stadt und ihrem Ruf aber unermeßliche Schätze hinterlassen hat. Schon damals, zu Stefan Lochners und Albrecht Dürers

Zeiten, rechneten es sich wohlhabende Bürger zur Ehre, Kunstwerke zu stiften, Künstler zu fördern. Auch was dem bürgerlichen Geschmack nicht entsprach, nicht entspricht, darf sich in Köln entfalten, hat seinen Platz, seine Plätze in dieser urbanen, lebendigen Stadt.

Das 19. Jahrhundert war in ganz besonderem Maße charakteristisch für das Wirken jener rheinischen Mäzenaten, mit denen Kölns Geschichte eng verknüpft ist. Ferdinand Franz Wallraf sammelte und kaufte zusammen, was während der Franzosenzeit an kirchlichen Kunstschätzen als Folge der Säkularisation in den Handel kam. Er rettete, was er nur retten konnte und vermachte der Stadt Köln schon 1818 seine Sammlung. Der Kaufmann Heinrich Richartz stiftete das Geld für ein Museum, das seitdem den Namen beider Stifter trägt und zu einer der bedeutendsten Kunstsammlungen der Welt geworden ist. Das 1861 eröffnete Wallraf-Richartz-Museum war das erste kommunale Museum in Deutschland, und heute gehört es, zusammen mit dem Museum Ludwig und dem neuen, 1986 bezogenen Museumsbau zwischen Dom und Rhein zu den größten Attraktionen der Kunst- und Kulturstadt Köln. Auch der Aachener Fabrikant Peter Ludwig, der der Stadt Köln 1976 einen großen Teil seiner Sammlung moderner Kunst stiftete, steht in der Tradition jenes rheinischen Mäzenatentums, dem die Stadt Köln so viel verdankt. Unter vielen anderen Namen sei hier, stellvertretend für alle, Josef Haubrich genannt: Der Rechtsanwalt schenkte 1946 seine Sammlung der Stadt Köln, setzte so ein Signal der Hoffnung in einer Zeit, in der die Kölner inmitten ihrer restlos verwüsteten Stadt zuerst an das tägliche Stück Brot oder an die Packung Zigaretten vom Schwarzmarkt dachten. Haubrichs Schenkung war der Grundstein für den Neuaufbau der Modernen Abteilung des Wallraf-Richartz-Museums, die die Nationalsozialisten in ihrem Wüten gegen die sogenannte »entartete Kunst« gründlich geplündert hatten.

Als die Stadt sich 1794 den französischen Revolutionstruppen ohne jeden Widerstand ergab, schien ihre große Tradition zunächst abzureißen. Aber die Zeit der französischen Besatzung war für Köln – wie übrigens für das ganze Rheinland – keineswegs eine dunkle Epoche. Gewiß, das Erzbistum Köln wurde aufgehoben, die Universität geschlossen, Stifte und Klöster wurden säkularisiert. Aber auf der anderen Seite standen die Einführung der französischen Munizipalverfassung, eine Neuordnung von Verwaltung und Recht, die Anerkennung der Religionsfreiheit. In Köln wurde 1803 die älteste deutsche Handelskammer gegründet, und in der Stadt selbst änderte sich vieles zum Besseren. Die Häuser erhielten Nummern, und die Zahl 4711 für ein traditionsreiches Duftwasser geht schlicht darauf zurück, daß ein französischer Offizier das Gebäude in der Glockengasse, wo es hergestellt wurde, so numerierte! Auch der Dom erhielt eine Hausnummer, im übrigen wurde er eine Zeitlang als Pferdestall für die Truppen benutzt. Die Kölner, die seit den Zeiten der Römer und Karls des Großen stets lieber nach Westen und Süden schauten als über den Rhein auf die andere Seite, empfanden die zwanzig Jahre französischer Besatzung allenfalls mit gemischten Gefühlen, aber nicht mit Haß oder krasser Ablehnung. Seit dem Frieden von Lunéville 1801 gehörte Köln mit dem linken Rheinufer zu Frankreich. Die preußischen und russischen Truppen, die 1814 die abziehenden Franzosen in Köln ablösten, wurden eher als fremd empfunden als ihre Vorgänger.

1815 dann kam Köln mit dem Rheinland zum Königreich Preußen – einer der Beschlüsse des Wiener Kongresses. Köln, die uralte, reichsunmittelbare Stadt, die größte im Westen Deutschlands, wurde aber zur Empörung der Kölner nicht Hauptstadt der preußischen Rheinprovinz, sondern das kleine Koblenz. Die Kölner Universität wurde unter den Preußen nicht wieder eröffnet, statt dessen erhielt Bonn ein neue Universität – die Kölner haben den Preußen das nie vergeben. Auf dem anderen Blatt der Geschichte steht allerdings, daß unter den Preußen Köln als Wirtschafts- und Verkehrszentrum sehr gefördert wurde. Der Dombau, seit dreihundert Jahren unterbrochen, wurde unter König Friedrich Wilhelm IV. wieder aufgenommen, und 1880 erhob sich der Kölner Dom in voller Größe und Pracht. Unter den Preußen entstanden die neuen Vorstädte, also die Stadtteile jenseits der mittelalterlichen Mauer und die einst so prachtvollen Ringe, die auf ihren Gräben angelegt wurden.

Nach dem Abriß der Stadtmauer 1881 wuchs Köln stürmisch. Nicht nur die noblen Neustadtviertel gaben Köln nun etwas Weltstädtisches. Zahlreiche Dörfer und Weiler in der Umgebung wurden bis 1922 eingemeindet. Um ihre Dorfkerne herum entstanden dann in den zwanziger und dreißiger Jahren unter dem weitsichtigen Oberbürgermeister Konrad Adenauer neue, oft sehr moderne Vororte. Die Anlage des Inneren und des Äußeren Grüngürtels mit dem Stadion in Müngersdorf, in das auch heute noch die Bundesliga-Fans strömen, war eine weitere kommunalpolitische Großtat in der Ära Adenauer. Heute ist die Stadt ihm, der 1933 von den Nationalsozialisten aus dem Amt getrieben wurde, für diese grüne Lunge besonders dankbar. Der »Chemiegürtel« um Köln herum, wohl das dichteste Ballungszentrum dieser Art in Deutschland, findet hier einen wichtigen grünen Kontrapunkt.

1942 setzten dann verheerende alliierte Luftangriffe auf Köln ein und legten bis zum Ende des Zweiten Weltkriegs eine der prachtvollsten, noch weithin mittelalterlich geprägten Altstädte Europas in Trümmer. In Köln blieb innerhalb der Ringe buchstäblich kein Stein auf dem anderen. Als amerikanische Truppen im März 1945 in die Trümmerwüste einrückten, war die Kölner Altstadt zu neunzig Prozent zerstört. Die Bevölkerung betrug kaum mehr als 30000 Menschen, die, irgendwo in Kellern und Löchern hausend, das Kriegsende herbeisehnten. Keine der alten romanischen Kirchen, keines der prachtvollen repräsentativen profanen Gebäude entlang der Ringstraßen war verschont geblieben – Köln schien für immer gestorben. Nur der Dom, das Symbol der einstigen Macht und

Größe, stand noch, freilich auch schwer beschädigt. Und – die Kölner empfanden es beinahe wie ein Wunder – der Rhein floß nach wie vor. Die zusammengeknickten Brücken waren in ihn hineingesunken, aber der Strom, dem die Stadt so viel verdankte, war ihr geblieben.

Wie überall in Deutschland begann der Wiederaufbau zunächst ohne ein größeres Konzept. Wer überhaupt den Mut fand, neu zu beginnen, der konnte es tun. So erklären sich die Bausünden dieser ersten Nachkriegsjahre aus dem Willen von Bürgern und Verwaltung, die Stadt überhaupt wieder zum Leben zu erwecken, Handel und Wirtschaft in bescheidenem Umfang in Gang zu bringen. Die Kölner hatten das Vertrauen in die Zukunft ihrer alten »Mutter Colonia« nicht verloren – nichts ist mir als so symbolisch für diese Hoffnungen in Erinnerung geblieben, wie mein allererster Eindruck dieser Stadt, in der ich nicht geboren bin, die ich aber seit diesen Nachkriegsjahren als Heimat empfinde: Da war ein kleiner Junge, der eben erst mit einem schäbigen Handköfferchen in der Hand auf dem zerstörten Hauptbahnhof angekommen war, ratlos, hilflos auch, aus dem Osten Deuschlands und nun auf dem Weg zum Haus der in Köln lebenden Großmutter. Er stand lange staunend, atemlos vor dem riesigen Dom und schlug dann den Weg in die Hohe Straße ein – zur Römerzeit und im Mittelalter Kölns wichtigste Nord-Süd-Achse und bis zum Kriege eine prachtvolle Einkaufsstraße. Nun war da nur eine schmale Schneise für Fußgänger zwischen den Trümmerbergen links und rechts geschlagen, durch die die Menschen irgendwohin eilten. Und mittendrin, auf der rechten Seite hatte jemand eine Bude eröffnet, in der alles mögliche an Tand und Zeug angeboten wurde, »Zum Zauberkönig« stand darüber. Zauberkunststücke – Köln schien sich aus Illusionen Mut zu machen.

In den fünfziger Jahren gewann die Stadt dann langsam ein neues, leider nicht immer an früheren Gebräuchen orientiertes Gesicht. Das Opernhaus mit dem Schauspielhaus etwa, das wiederaufgebaute Wallraf-Richartz-Museum neben der Minoritenkirche, der Gürzenich mit der Ruine von St. Alban, nüchterne, glatte Geschäftszeilen und Wohnblöcke – in

den Fünfzigern hatte man noch nichts zu verschenken, die Architektur war weithin Dienerin der Funktion. Doch all das hat heute auch schon historischen Wert. Kaum zu verzeihen sind aber den Stadtplanern ihre groben Schnitzer, das Hindurchführen von Schnellstraßen mitten durch den ursprünglichen Stadtkern, das Zerschneiden gewachsener Plätze und baulicher Einheiten, wie am Heumarkt oder am Ebertplatz. Heute denkt man darüber nach, wie die Stadt sich wieder von solchen Folgen planerischer Kurzsichtigkeit befreien könne. Es wird Millionen kosten, aber das kennen die Kölner: erst wird hier etwas richtig in die falsche Richtung getrieben, und dann erst findet man den besseren Weg! Das hat auch viel mit der so typisch kölschen Mentalität zu tun, mit dem »kölschen Klüngel« im Rat der Stadt, in der Verwaltung, im öffentlichen Leben. »Klüngel« – das ist etwas Unübersetzbares, aber es gehört seit jeher zu Köln wie der Dom oder das helle obergärige Bier, das Kölsch: Es ist das Spiel im Halbdunkel, das Taktieren, das Schließen von Kompromissen, die letztlich keine sind – oder doch?

Der Kölner von heute ist wie eh und je ein Bürger, der seine Stadt liebt und der bewußt mit ihr lebt. Er ist tolerant, schätzt seine Ruhe, kann bisweilen auch etwas laut und grob werden – immer aber kommt das, was er tut oder sagt, aus dem Herzen. Die Kölner sind weltoffen, liberal und allem Radikalismus und Fanatismus gegenüber kritisch eingestellt. Sie sind keine sturen Konservativen; eher entspricht jene reizvolle Mischung von Tradition und Zukunftswillen, zu der die Stadt jetzt, fast fünfzig Jahre nach Kriegsende, wieder gefunden hat, auch ihrem äußeren Erscheinungsbild, auch dem, was die Menschen hier am Rhein geprägt hat. Und die Kölner haben außerdem ja jenes herrliche Ventil des Karnevals: einmal im Jahr kann man sich austoben, sich von allen Frustrationen befreien, so richtig ausgelassen verrückt spielen. Dann fällt es leichter, wieder ein Jahr lang gelassen und weise das Leben zu genießen. Es macht ja auch Spaß, in dieser so urbanen, lebenszugewandten Stadt zu sein – Köln, »Mutter Colonia«, hat in Deutschland Einzigartiges vorzuzeigen: sie ist zweitausend Jahre alt und zweitausend Jahre jung.

COLOGNE

Cologne – in the Middle Ages it was the biggest and richest city in Germany, and also the most powerful. Cologne – for more than a thousand years it was one of Europe's most important metropoles. Cologne – first and foremost it was the »holy« Cologne which endeavoured to stand on a par with Jerusalem and Rome. Already in the C10 under the Ottonian emperors it became a city of repute, the centre of both ecclesiastical and political power in Germany. The archbishops of Cologne were at the same time the secular rulers of the city and, as imperial princes, the most influential advisers and confidants of the mediaeval German emperors.

The ancient Roman city on the Rhine, which considered itself to be the Rome of the north, was surrounded and protected at the end of the C12 and the beginning of the C13 by the most massive mediaeval town walls north of the Alps. This ring of fortification was about five miles long and had twelve gates; it enclosed the most important place of pilgrimage in Germany where, since the year 1164, the relics of the Magi had been venerated – the Cologne of churches and towers, the holy Cologne, likeness and embodiment of the heavenly Jerusalem. The encircling wall was never breached by any power. It protected the city from devastation even during the Thirty Years War, safeguarded it from the attacks of its own archbishops and for centuries gave it the security and peace it required to develop its power, until the people of Cologne themselves pulled it down in 1881 when the city grew rapidly in the period of expansion and burst out of the bonds of tradition into industrial development, into the C20. Only three gates remain in addition to a few bits of wall, and these only because the Prussians insisted upon it. Today's inhabitants would be grateful to their impetuous ancestors if they could have inherited the complete walls, this twelve-gated town fortification, unique in Europe, but the citizens of that time did not wish to permit themselves such sentimentality. They could not possibly have known that, after the appalling destruction of the Second World War, for the people of Cologne every single stone of the old city would represent a piece of their identity.

There are still plenty of relics in Cologne pointing back over almost two thousand years, such as the Dionysus mosaic which was found by chance during the last war, or the remains of the former Roman Praetorium uncovered in 1952. Cologne's history has its roots in Roman times.

In the year 55 B.C. proceeding from Gaul Caesar had reached the Rhine. There, where he crossed it for the first time near the present Neuwied on the right bank of the river, the Ubii had settled, the only Germanic tribe to make a pact with the Romans. To defend the restive Rhine frontier, the Roman commander Marcus Vipsanius Agrippa settled the Ubii on the left bank of the Rhine in the year 38 B.C. – the region today known as the Cologne Embayment. He founded Oppidum Ubiorum, an important frontier post against the Germanic tribes to the right of the Rhine, the nucleus so to speak of what later became Cologne. In the year 50 A.D. Julia Agrippina, the wife of the emperor Claudius, who had been born here in Oppidum Ubiorum, succeeded in securing the status of a city for the place which was also an important military harbour and trading-post on the Rhine. With the city status came the new name: Colonia Claudia Ara Agrippinensium, in short CCAA. With its promotion to Roman city, Colonia was given a permanent town wall of stone which surrounded an area of roughly 250 acres in a square. Colonia soon became a favourite place of retirement for soldiers who were no longer on active service. These veterans invested in property close to the city, workmen joined them and Cologne flourished. In 90 A.D., with the reform of government of the Roman territory on the Rhine, Cologne became the capital of the province of Germania Inferior. The Roman governor ruled from the Praetorium, the foundations of which can be seen today under the present Town Hall of Cologne – unity of place and time!

In 310 Emperor Constantine had the Castellum Deutz erected on the right side of the Rhine and a permanent bridge built over the river. At the beginning of the C5, when the Roman legions were withdrawn from the Rhine frontier, Cologne came under the rule of the Franks. For a long time it had been a Christian city and Bishop Kunibert, as adviser to the Frankish officials, managed to cleverly combine both ecclesiastical and political power. Under Charlemagne, his close friend Hildebald became the first archbishop of Cologne. When Hildebald died in 818 the building of the old Carolingian cathedral had already begun on the site of the present Gothic one.

Under Archbishop Bruno, the youngest brother of Emperor Otto I, who in 953 at the same time became Duke of Lothringia, Cologne blossomed into a city of repute. Numerous monasteries and churches were founded and Cologne's present reputation as the city of Romanesque churches – twelve of them are still to be seen today – was founded in this century so rich in city history. It must be admitted that the merging of political and ecclesiastical power in the hands of the archbishops, an institution which remained for centuries after Bruno, did not suit the citizens of Cologne at all. They felt their rights to be limited. There were constant rebellions and trials of strength until in 1288 in the battle of Worringen (today a northern suburb of the city) the citizens of Cologne finally won political freedom from their archbishop and drove him out of the city. In future the church rulers were only permitted to enter the city for church festivals. They lived in Bonn, the neighbouring city on the Rhine, which until this day is treated with disdain. If the citizens of Cologne up to the present rarely have a good, friendly understanding with their archbishop, this has historical roots born of ancient, deep-seated fears.

The city was extended for the first time under Archbishop Bruno. There where the church of Great St Martin now lies in the heart of the Old City, a Rhine island was made into a suburb by filling in a side branch of the river. At the beginning of the C12 a new city extension incorporated important estates and foundations which had previously lain outside the city, such as the monastery of St Pantaleon. The third very extensive enlargement of the city is bound with one of the many conflicts between the people of Cologne and their archbishop. In 1180 against the will of the archbishop, the citizens had begun to build the mighty mediaeval wall around the city. Emperor Barbarossa had to settle the dispute – the self-confidence and power of Cologne's citizens was growing. Already in 1164 another occurrence had had similiar results: the relics of the Magi had been brought in a solemn procession from Milan to Cologne by Archbishop Rainald von Dassel, the chancellor of Emperor Friedrich Barbarossa – Cologne became the destination of vast streams of pilgrims who brought gold and goods into the city, and it became very profitable to be a citizen of Cologne.

In 1248 the city began to build the new Gothic cathedral. It was not only to be a worthy home for the relics of the Magi and provide room for the masses of pilgrims – it was also to be the largest Christian church to have been built up to that time. Here Cologne gave evidence of its strength, even though work on the cathedral had to be stopped three hundred years later and could only be completed in the C19 under Prussian rule. Archbishop Konrad von Hochstaden, who laid the foundation-stone of the Gothic cathedral, bestowed a staple right on the city on the Rhine in 1259 and thus provided for a strong, flowing source of income which continued for centuries: all goods transported up or down the Rhine had to be unloaded in Cologne for three days, »stapled«. The merchants of Cologne had priority of purchase and the city profited through customs and taxes with this transshipment, one might almost say it lived from them. The Cologne staple right only ceased in the 1830s.

Based on the »Studium Generale« of the Dominican Albertus Magnus, the first German civic university was founded in Cologne in 1388, the Albertus-Magnus-University, the pride of the city until it was shut down by French revolutionary troops in 1794. It was not reopened until 1919 when Konrad Adenauer held the office of Mayor.

The self-confidence of Cologne's citizens did not only manifest itself against the archbishops: in 1396 the patricians were also deprived of their power and the craftsmen of Cologne took over the administration of their city. In the so-called »Verbundbrief«, the »Gaffeln« – the consortium which represented the political interestes of the guilds – wrote a new city constitution, and in 1475 Cologne was made a Free Imperial City by order of Emperor Friedrich III – a privilege which only lapsed in 1794 with the entry of the French troops into the cathedral city.

In addition to the merchants whose connexions reached into the farthest corner of Europe – Cologne was also a member of the Hanseatic League – the craftsmen of the city contributed greatly to Cologne's riches through their diligence and knowledge, but also through their ability to organize. Their guilds became powerful circles which had strong influence on proceedings in the city, on the decisions of the council and on public affairs. The twenty-two »Gaffeln« not only constantly defied the city council but also controlled it at times. The revolt of the coopers' merchant Nikolaus Gülich against the corrupt council was a significant indication of the power of the citizens and the »Gaffeln«. Gülich, who at first had fought for honest government, then succumbed himself to the temptation of power and was therefore beheaded in 1686 in Mülheim on the right bank of the Rhine, the side which Cologne's inhabitants despise. In Cologne, women had leading positions in many branches of business at an early date. They ran workshops, struck bargains, negotiated with the council – in a certain way an example of the tolerance and liberality which has always distinguished Cologne. In this traditionally Catholic city there was a right of domicile for people of a different faith, admittedly only as far as it was in Cologne's trading interests. Since 1576 there has been the »Geusen cemetery« where, in particular, the Protestant bargemen and traders from the Netherlands were buried who had lived in Cologne.

»Holy« Cologne was however less tolerant towards the Jews. During the plague of 1349 there was a pogrom, their quarter near the Town Hall was set on fire and they had to leave the city. In 1372 they were accepted again as citizens – with restrictions – but in 1424 they finally had to move away from the cathedral city. Only from 1798 to 1802 under the influence of the civil rights of the French revolution did they regain the right of residence in Cologne – as did the Protestants.

In a city that was so cosmopolitan since it sent out merchants to all parts – Cologne had been Europe's largest place of transshipment for wine since Roman times –, did not shut out strangers and cultivated its own particular style, an atmosphere quickly developed in which artists felt at home. The visitor to Cologne today may wonder at the numerous galleries and at the power of attraction that Cologne has meanwhile developed as a city of art, but for its citizens this all belongs to a very old tradition. The late Middle Ages had already produced the so-called Cologne School of Painting whose artists, with the exception of Stefan Lochner, are not known to us by name, but bequeathed immeasurable treasures to the city and its reputation. In the days of Stefan Lochner and Albrecht Dürer, well-to-do citizens considered it an honour to donate works of art and to patronize artists. Even things which did not or do not correspond to the taste of its citizens may develop in Cologne, have their place, their places in this urbane, lively city.

The C19 was particularly typical for the activity of the Rhenish patronage with which Cologne's history is so closely bound. Ferdinand Franz Wallraf bought up the ecclesiastic art which came on to the market during the French occupation as a result of secularization. He saved all that he could and bequeathed his collection to the city in 1818. The merchant Heinrich Richartz donated the money for a museum which since then bears the name of both donors, and has become one of the most important art collections in the world. The Wallraf-Richartz-Museum which was opened in 1861 was the first communal museum in Germany, and, together with the Museum Ludwig and the new museum building between the cathedral and the Rhine occupied in 1986, is one of the greatest attractions of the city of art and culture. The industrialist Peter Ludwig of Aachen, who donated a large part of his collection of modern art to Cologne in 1976, also belongs in the tradition of Rhenish patronage to which the city of Cologne owes so much. Among many other names Josef Haubrich is mentioned here on behalf of all the others: the lawyer gave his collection to the city of Cologne and thus established a sign of hope at a time when the people of Cologne in the midst of their utterly devastated city could only think of their daily bread or the packet of cigarettes from the black market. Haubrich's gift helped to build up the modern section of the Wallraf-Richartz-Museum again, which the Nazis in their rampage against so-called »degenerate art« had thoroughly plundered.

When the city surrendered to the French revolutionary troops without resistance in 1794, the long tradition seemed at first to have ceased. However the era of French occupation was for Cologne – as for the whole of the Rhineland – in no sense a dark episode. Certainly, the archbishopric of Cologne was terminated, the university closed, foundations and monasteries were secularized. On the other hand there was the introduction of the French municipal constitution, a new order of government and law, the recognition of religious freedom. The oldest German Chamber of Commerce was founded in Cologne in 1803 and the city itself changed for the better. The houses were given numbers and 4711, the trademark of a traditional toilet water, simply comes from the number which a French officer gave to the building in the Glockengasse where it was produced! Even the cathedral was given a house number and was also used for a time as a stable for the horses of the troops. The citizens of Cologne, who since the time of the Romans and of Charlemagne had always preferred to look to the west and south rather than across the Rhine to the other side, viewed the twenty years of French occupation with mixed feelings but not with hatred or absolute condemnation. After the Treaty of Lunéville in 1801, Cologne and the whole of the left bank of the Rhine belonged to France. The Prussian and Russian troops who replaced the retreating French in 1814 were considered to be more foreign than their predecessors.

In 1815 Cologne and the Rhineland came to the kingdom of Prussia – one of the decisions of the Congress of Vienna. To the indignation of its citizens Cologne, the ancient, immediate city, the largest in the west of Germany, did not become the capital of the Prussian Rhine province but rather the little town of Coblenz! The university of Cologne was not reopened under the Prussians but instead Bonn received a new university – the people of Cologne never forgave the Prussians for this. On the other hand however, Cologne was very much promoted as an economic and transport centre under the Prussians. The building of the cathedral, discontinued for three hundred years, was resumed under King Friedrich Wilhelm IV, and in 1880 Cologne cathedral rose in all its splendour and glory. Under the Prussians new suburbs were built, also the parts of the city outside the mediaeval wall and the formerly splendid ring-roads which were laid out on its ditches.

After the city walls had been pulled down in 1881, Cologne grew at a rapid pace. Not only the dignified new city districts gave Cologne a metropolitan atmosphere. Numerous villages and hamlets in the surrounding area were incorporated before 1922. In the 20s and 30s, under the far-seeing mayor Konrad Adenauer, new and often very modern suburbs grew up around the centres of the villages. The laying-out of the inner and outer green belts with the stadium in Müngersdorf, into which today football fans still crowd, was a further great achievement of communal policy in the era of Adenauer. Today the city can be grateful for these green lungs to the man who was driven out of office by the Nazis in 1933. The »chemical ring« around Cologne, surely the most concentrated industrial area of this sort in Germany, finds an important green counterpoint here.

In 1942 the disastrous allied air-raids on Cologne began and by the end of the Second World War had laid one of the most splendid, still to a great extent mediaeval, city centres of Europe in ruins. Within the ring roads of Cologne there was literally no stone left standing. In March 1945 when the American troops entered Cologne, ninety per cent of the Old City had been destroyed. There were hardly more than 30,000 inhabitants living somewhere in cellars and holes, who longed for the end of the war. None of the old Romanesque churches, none of the splendid secular buildings along the ring-roads had been spared – Cologne seemed to be dead for ever. Only the cathedral, the symbol of former power and might, was still standing although it was badly damaged. To the inhabitants of Cologne it seemed almost like a miracle in all this chaos that the Rhine was still flowing. The buckled bridges had fallen into it, but the river, to which the city owed so much, remained.

As everywhere in Germany, rebuilding began at first without an overall concept. Whoever had the courage to begin again did so. Many of the planning blunders of the immediate post-war period stem from the desire of both citizens and authorities to bring the city back to life and make trade and commerce possible on a small scale. The inhabitants of Cologne had not lost faith in the future of their old »Mother Colonia« – nothing symbolizes this hope as the memory of my first impression of the city in which I was not born, but which has been my home since the war: the small boy who had just arrived from the east of Germany at the ruined railway station with a shabby suitcase in his hand, perplexed and helpless, was on the way to his grandmother who lived in Cologne. For a long time he stood staring in front of the huge cathedral and then turned towards the High Street – at the time of the Romans and in the Middle Ages Cologne's most important North-South axis and, until the war, an elegant shopping-street. Now there was only a narrow path cleared for pedestrians between the piles of ruins to left and right, along which people hurried to some place or other. In the middle of the right-hand side someone had opened a stall in which all sorts of junk and cheap goods were offered for sale, and above it was written »The King of Magic«. Conjuring tricks – Cologne seemed to give itself courage from illusions.

In the 50s the city slowly gained a new appearance, unfortunately not always in keeping with its former buildings. The opera and playhouse for instance, the rebuilt Wallraf-Richartz-Museum next to the Minorite church, the Gürzenich with the ruined St Alban, sober, plain rows of shops and apartment houses – in the 50s there was nothing to spare, the architecture had to serve the function in most cases. Today all this already has historical value. The city planners however, with their glaring mistakes, can hardly be forgiven for the building of speedways right through the original heart of the city, the division of homogeneous squares and architectural unity as at the Haymarket or at Ebertplatz. Today one is deliberating how the city could free itself from the results of such short-sighted planning. It would cost millions, but Cologne's inhabitants are used to that: first the right thing is done in the wrong way and then a better way has to be found! This has a lot to do with the typical Cologne mentality, with the »kölschen Klüngel« in the council, in the administration, in public affairs. »Klüngel« – that is something which cannot be translated, but it has always belonged to Cologne, like the cathedral or the light top-fermented beer, the »Kölsch«: it is the gamble in the half-light, the tactics, the making of compromises which in the end are none – or are they?

The present-day inhabitant of Cologne is just like he always has been, a citizen who loves his city and lives in awareness of it. He is tolerant, values his peace, can at times become somewhat loud and uncouth – but whatever he does or says comes from his heart. The people of Cologne are cosmopolitan, liberal and critical towards all radicalism and fanaticism. They are no obstinate conservatives; the delightful mixture of tradition and looking to the future is reflected in what the city has now regained almost fifty years after the war, also in its outward appearance, and is also what has fashioned the people here on the Rhine. In addition the inhabitants of Cologne have a wonderful way to let off steam, the carnival: once a year one can let one's hair down, free oneself from all frustrations, be crazy. Then it is easier to enjoy life in a calm and wise manner for another year – until the next carnival. Anyway, it is fun to be in this urbane city which is so full of life – Cologne, »Mother Colonia«, has something unique to offer in Germany: it is two thousand years old and two thousand years young.

COLOGNE

Cologne – c'était, au Moyen-Age, la ville la plus grande et la plus riche d'Allemagne, et la plus puissante aussi. Cologne – c'était déjà, il y a plus de mille ans, l'une des plus importantes métropoles d'Europe. Cologne – c'était avant tout la Cologne «sacrée» qui aspirait à devenir l'égale de Jérusalem et de Rome. Métropole, centre du pouvoir spirituel et temporel en Allemagne, Cologne le fut dès le Xe siècle, sous les empereurs ottoniens. Les archevêques de Cologne étaient également les souverains temporels de la ville et, en leur qualité de princes d'Empire, les conseillers et auxiliaires les plus influents de l'empereur allemand du Moyen-Age. Fin du XIIe/début du XIIIe siècle, la très ancienne ville romaine des bords du Rhin, qui se considérait comme la «Rome du Nord», s'entoura d'une enceinte protectrice, la plus impressionnante qui fût au nord des Alpes au Moyen-Age. Dotée de douze portes et d'une longueur de huit mille mètres environ, cette enceinte fortifiée s'élevait autour du lieu de pèlerinage le plus important d'Allemagne où l'on vénérait les reliques des Trois Rois depuis l'année 1164 – Cologne, la ville des églises et des tours, la Cologne sacrée, à l'image idéale de la Jérusalem céleste. Ces murs ne furent jamais pris ni enfoncés par aucune puissance. Ils préservèrent la ville de la destruction jusque pendant la guerre de Trente Ans, protégèrent ses habitants des atteintes de leurs propres archevêques, lui donnèrent pendant des siècles la sécurité et la tranquillité qui lui permirent de développer sa puissance. Jusqu'au jour où les habitants de Cologne décidèrent eux-mêmes de les abattre, en 1881, dans les années de spéculation, lorsque la ville connut une croissance sauvage, faisant éclater ses limites traditionnelles pour se lancer à corps perdu dans la révolution industrielle, dans le vingtième siècle. Il n'en resta que trois portes et quelques pans de murs, et ceci uniquement parce que le gouvernement prussien l'exigea. La population actuelle aurait sans doute été reconnaissante à ses si fougueux ancêtres s'ils leur avaient légué cette enceinte à douze portes unique en Europe mais, emportés par leur impétuosité, les citoyens de l'époque s'interdisaient une telle sentimentalité. Ils ne pouvaient pas non plus savoir que, après les terribles destructions de la Seconde Guerre mondiale, les habitants de Cologne retrouveraient un morceau de leur identité dans la moindre vieille pierre de l'ancienne ville.

De telles reliques, il en existe encore une profusion à Cologne. Avec la mosaïque de Dionysos découverte par hasard pendant la dernière guerre ou les vestiges de l'ancien prétoire romain mis à jour en 1953 seulement, elles évoquent un passé de près de deux mille ans. En effet, l'histoire de Cologne remonte à l'époque romaine.

En l'an 55 av. J.-C., César soumettait la Gaule et atteignait le Rhin. L'endroit où il franchit ce fleuve pour la première fois, aux environs de l'actuel Neuwied, était occupé par un peuple germanique, les Ubiens, la seule tribu germanique qui pactisa avec les Romains. En l'an 38 av. J.-C., afin de protéger l'instable frontière du Rhin, le commandant romain

Marcus Vipsanius Agrippa installa les Ubiens sur la rive gauche du Rhin – terrasse alluviale de l'actuelle «Kölner Bucht». Il fonda l'Oppidum Ubiorum, importante fortification frontalière érigée face aux Germains de la rive droite et noyau de la future Cologne. En l'an 50 apr. J.-C., l'épouse de l'empereur Claudius, Julia Agrippina qui était née dans l'Oppidum Ubiorum, obtint le droit de ville pour cet établissement qui était également un port militaire et un centre commercial important sur le Rhin. Avec ses droits, la ville reçut également un nouveau nom: Colonia Claudia Ara Agrippinensium, d'où l'abréviation CCAA. Promue au rang de ville romaine, Colonia est alors dotée d'une solide enceinte en pierres entourant un quadrilatère d'un kilomètre carré environ. Cette Colonia devint bientôt un lieu de retraite privilégié pour les soldats trop vieux pour le service. Ces vétérans investirent leurs biens près de la ville, les artisans affluèrent et Cologne prospéra. En 90 apr. J.-C., dans le contexte d'une réforme et d'une réorganisation de l'administration des territoires rhénans sous domination romaine, Cologne devint la capitale de la province de Basse-Germanie. Le gouverneur romain siégeait au prétoire dont chacun peut voir aujourd'hui les fondations sous l'actuel Hôtel de Ville de Cologne – unité de lieu et de temps!

En l'an 310, l'empereur Constantin fit construire le castel de Deutz sur la rive droite du Rhin et un pont en dur enjambant le fleuve. Au début du Ve siècle, lorsque les légions romaines furent retirées de la frontière rhénane, Cologne passa sous la domination des Francs. C'était déjà depuis longtemps une ville chrétienne et son évêque Cunibert, conseiller des fonctionnaires francs, s'entendit à merveille à réunir entre ses mains pouvoirs spirituels et temporels. Hildebald, premier archevêque de Cologne, était un ami et un proche de Charlemagne. En 818, à la mort d'Hildebald, l'ancienne cathédrale carolingienne, sur l'emplacement de l'actuel édifice gothique, était déjà en construction.

Enfin, sous l'archevêque Bruno, le plus jeune frère de l'empereur Otto Ier qui devint également duc de Lorraine en 953, Cologne devint une véritable métropole. On y fonda de nombreux monastères et églises et la réputation actuelle de Cologne, ville des églises romanes – dont douze existent encore –, trouve ses racines dans ce siècle si riche dans l'histoire de la ville. Mais, bien sûr, cette réunion des pouvoirs temporels et spirituels dans les mains des archevêques, pratique instituée par Bruno et conservée pendant des siècles, ne convenait pas du tout aux citoyens de Cologne. Ils se sentaient lésés dans leur droits. Révoltes et épreuves de force se succédèrent jusqu'à ce que les habitants de Cologne chassent leur archevêque de la ville et se libèrent de son autorité politique, de haute lutte et définitivement, par la bataille de Worringen (faubourg au nord de la ville actuelle), en 1288. De ce jour, les princes de l'église eurent le droit d'entrer dans la ville uniquement à l'occasion de cérémonies religieuses. Et ils établirent leur résidence à Bonn, ville rhénane voisine que les habitants de Cologne considèrent aujourd'hui encore avec un certain dédain. Et si les habitants de Cologne entretiennent avec leurs archevêques actuels des rapports rarement bons et chaleureux, cela a sans aucun doute des raisons historiques et témoigne d'une peur très ancienne et bien enracinée.

L'enceinte de la ville fut agrandie une première fois sous l'archevêque Bruno. Là où s'étend aujourd'hui le cœur de la vieille ville, autour de l'église Grand-Saint-Martin, on a créé un faubourg en comblant un bras du fleuve entre la rive du Rhin et une île. Au début du XIIe siècle, un nouvel agrandissement des murs rattacha à Cologne d'importants domaines et couvents se trouvant jusque-là hors de l'enceinte romaine, ainsi Saint-Pantaléon. Le troisième et très important agrandissement de la ville fut l'objet de l'un des nombreux conflits entre les habitants de Cologne et leur archevêque. En 1180, les bourgeois de la ville avaient entrepris de construire cette impressionnante enceinte médiévale contre la volonté des archevêques. Il fallut faire appel à l'empereur Frédéric Barberousse qui arbitra la querelle en faveur des bourgeois de Cologne dont l'assurance et le pouvoir s'en trouvèrent accrus, chose qui n'était pas sans précédent puisque, en 1164, un autre événement avait déjà eu un effet semblable. L'archevêque Rainald von Dassel, chancelier de l'empereur Frédéric Barberousse, avait fait apporter en cortège solennel les reliques des Trois Rois de Milan à Cologne, attirant dans cette ville des foules de pèlerins qui y apportaient de l'argent et des marchandises, toujours au plus grand profit des habitants de la ville de Cologne.

En 1248, la ville entreprit la construction de la nouvelle cathédrale gothique. Elle n'était pas seulement destinée à abriter dignement les ossements des Trois Rois et à accueillir les masses de pèlerins – ce devait être la plus grande de toutes les églises chrétiennes jamais construites. Cologne en fit une manifestation de sa puissance. Mais les travaux durent être interrompus, trois cents ans plus tard, et il faut attendre le XIXe siècle pour que l'édifice soit achevé, sous la domination prussienne.

L'archevêque Conrad von Hochstaden, celui-là même qui posa la première pierre de la cathédrale gothique, accorda le droit d'entrepôt à la ville épiscopale des bords du Rhin, en 1259, lui assurant ainsi une importante source de revenus qui ne se tarirait pas des siècles durant. Toutes les marchandises transportées sur le Rhin, que ce soit vers l'aval ou l'amont, devaient être déchargées et entreposées à Cologne pendant trois jours. Les marchands de Cologne avaient un droit d'option sur ces marchandises tandis que la ville profitait, on peut même dire qu'elle en vivait, des droits de douane et de transbordement. Ce droit d'entrepôt ne s'est éteint que dans les années trente du siècle dernier.

S'inspirant du «Studium Generale» du dominicain Albert le Grand, Cologne se dota, en 1388, de l'Université Albertus Magnus, la première université d'Allemagne fondée par des bourgeois, la fierté de la ville, jusqu'en 1794, jusqu'à sa fermeture par les armées de la Révolution française. Elle fut réouverte en 1919 seulement, sous le mandat de Konrad Adenauer, alors maire de la ville.

L'assurance des habitants de Cologne ne s'est pas exercée à l'encontre de ses seuls archevêques. En 1396, les patriciens furent également écartés du pouvoir par les artisans de Cologne qui prirent en main le gouvernement de la ville. Dans la dite «charte d'association», les «Gaffeln», groupes d'intérêts émanant des corporations d'artisans, dotèrent la ville d'une nouvelle constitution bourgeoise et, en 1475, Cologne fut élevée au rang de ville libre d'Empire par l'empereur Frédéric III, privilège qui s'éteignit lui aussi en 1794, à l'arrivée des Français.

Outre le rôle joué par les marchands qui entretenaient des contacts avec les régions d'Europe les plus lointaines – Cologne était membre de la Hanse –, ce sont surtout les artisans de la ville qui ont contribué à sa richesse par leur ardeur au travail et leur savoir-faire mais aussi par leur sens de l'organisation. Leurs corporations devinrent des groupements puissants exerçant une forte influence sur les affaires de la ville, sur les décisions du Conseil et sur la vie publique. Les 22 groupements émanant des corporations n'ont pas seulement fait opposition au Conseil, elles en ont même parfois pris le contrôle. Le soulèvement du marchand de rubans Nikolaus Gülich contre un Conseil rongé par la corruption donne la mesure de la puissance des bourgeois et des corporations. Ayant dans un premier temps lutté pour l'assainissement de l'administration, Gülich succomba ensuite lui-même aux tentations du pouvoir et fut décapité en 1686, à Mülheim, sur l'autre rive du Rhin, cette rive droite si mal aimée des habitants de Cologne.

Dans de nombreux secteurs de l'artisanat, les femmes de Cologne jouèrent très tôt un rôle de premier plan. Elles dirigeaient des entreprises, faisaient des affaires, négociaient avec le Conseil de la ville – témoignage exemplaire, sous certaines réserves, de la tolérance et du libéralisme qui ont toujours caractérisé Cologne. Dans cette ville si longtemps imprégnée de catholicisme et de fidélité à l'empereur, il y eut également un droit d'établissement pour les fidèles d'autres religions, ceci, bien sûr, dans la mesure où cela allait dans le sens des intérêts commerciaux de Cologne. Et à partir de 1576, la ville posséda son «Cimetière des Gueux» où l'on enterrait surtout les bateliers et marchands hollandais de confession protestante qui vivaient à Cologne.

A l'égard des juifs, par contre, la Cologne «sacrée» se montra moins tolérante. Lors de l'épidémie de peste de 1349, il y eut un pogrome et après l'incendie de leur quartier, près de l'Hôtel de Ville, ils durent quitter la ville. Après avoir retrouvé – dans certaines limites – droit de cité, en 1372, ils durent quitter la ville épiscopale définitivement, en 1424. Le droit de séjour à Cologne leur fut de nouveau accordé – comme aux protestants – de 1798 à 1802 seulement, en application du droit civil instauré par la Révolution française.

Dans cette ville ouverte sur le monde, avec ses marchands partout présents (Cologne fut ainsi la place de transbordement du vin la plus importante d'Europe dès l'époque romaine), dans cette ville qui ne se fermait pas à l'étranger tout en entretenant soigneusement sa spécificité, il se créa rapidement une atmosphère propice aux artistes. Il se peut que le visiteur contemporain s'étonne du grand nombre de galeries d'art et de la séduction de Cologne, ville des arts – mais, pour les habitants de Cologne tout cela repose sur une tradition très ancienne. La dite Ecole de Peinture de Cologne, dont les membres, hormis Stefan Lochner, ne sont pas nommément connus, est apparue dès la fin du Moyen-Age et a légué à la ville des trésors inestimables qui ont contribué à sa réputation. Dès cette époque, au temps de Stefan Lochner et d'Albrecht Dürer, les bourgeois fortunés se faisaient un honneur de faire don d'œuvres d'art et d'encourager les artistes. Et ce qui ne correspondait pas, ne correspond toujours pas, au goût bourgeois a eu le droit de s'épanouir, a trouvé sa place et des places dans cette ville ouverte et vivante.

Le XIXe siècle est particulièrement représentatif de l'influence de ces mécènes rhénans étroitement associés à l'histoire de Cologne. Ferdinand Franz Wallraf a acheté et collectionné les trésors artistiques de l'église mis en vente dans le sillage de la sécularisation, pendant l'occupation française. Il a sauvé tout ce qu'il a pu et, dès 1818, il a fait don de sa collection à la ville de Cologne. Heinrich Richartz, quant à lui, a fait don des fonds nécessaires à la construction d'un musée qui, depuis, porte le nom de ses deux fondateurs et est devenu l'une des plus importantes collections d'art au monde. Inauguré en 1861, le Wallraf-Richartz-Museum fut le premier musée municipal d'Allemagne et, installé depuis 1986, avec le Museum Ludwig, dans le nouvel édifice construit entre la cathédrale et le Rhin, c'est aujourd'hui l'une des plus grandes attractions de Cologne, ville des arts et de la culture. Peter Ludwig, industriel d'Aix-la-Chapelle, qui fit don à la ville de Cologne, en 1976, d'une grande partie de ses collections d'art moderne, perpétue lui aussi la tradition de ce mécénat rhénan auquel la ville de Cologne doit tant. Entre autres noms, si nombreux, mentionnons encore à titre d'exemple celui de Josef Haubrich. En 1946, cet avocat fit don de ses collections à la ville de Cologne, lueur d'espoir à une époque où les habitants de Cologne perdus au milieu de leur ville entièrement dévastée pensaient avant tout à leur morceau de pain quotidien ou au paquet de cigarettes introuvable sinon sur le marché noir. La donation de Haubrich fut la base de la reconstitution des collections d'art moderne du Wallraf-Richartz-Museum que les national-socialistes avaient totalement dispersées dans leur folle campagne contre l'art dit «dégénéré».

En 1794, lorsque la ville se rendit aux troupes de la Révolution française sans leur opposer la moindre résistance, cette grande tradition sembla rompue, dans un premier temps du moins. Cependant, l'occupation française ne fut pas du tout une période sombre pour Cologne – non plus d'ailleurs que pour les pays rhénans. Certes, l'archevêché de Cologne fut supprimé, l'Université fermée, les collégiales et monastères sécularisés.

Mais, par ailleurs, elle apporta l'introduction de la constitution municipale française, une réorganisation de l'administration et de la justice, la reconnaissance de la liberté de religion. C'est à Cologne que fut fondée, en 1803, la première chambre de commerce d'Allemagne et, dans la ville elle-même, bien des choses furent améliorées. Ainsi, les maisons furent dotées de numéros et le fameux 4711 ornant l'étiquette d'une certaine eau de toilette vient tout simplement du fait qu'elle était fabriquée dans le bâtiment, dans la Glockenstrasse, auquel un officier français donna ce numéro! La cathédrale, que par ailleurs les troupes utilisèrent pendant un certain temps comme écurie, fut également dotée d'un numéro. Depuis le temps des Romains et de Charlemagne, toujours plus volontiers tournés vers l'Ouest et le Sud plutôt que vers le Rhin et son autre rive, les habitants de Cologne ont supporté les vingt ans d'occupation française tout au plus avec des sentiments mitigés, mais sans haine ni rejet violent. A la paix de Lunéville, en 1801, Cologne et la rive gauche du Rhin avaient été rattachées à la France. En 1814, lorsque Prussiens et Russes remplacèrent les Français à Cologne, ils semblèrent plus étrangers que ces derniers.

En 1815, enfin, Cologne et les pays rhénans furent rattachés au royaume de Prusse – de par la décision du Congrès de Vienne. Cologne, l'ancienne, très ancienne ville libre d'Empire, la plus grande dans l'Ouest de l'Allemagne, Cologne, à l'indignation de ses habitants, fut dédaignée comme capitale de la province rhénane prussienne, au profit de la petite ville de Coblence! Sous la domination prussienne, l'Université resta fermée alors que Bonn se voyait doter d'une nouvelle université – les habitants de Cologne ne l'ont jamais pardonné aux Prussiens. Par contre, il faut souligner que la Cologne prussienne a été très encouragée en sa qualité de centre économique et nœud de communication. Interrompue depuis trois cents ans, la construction de la cathédrale fut poursuivie sous le roi Frédéric Guillaume IV et, en 1880, la cathédrale de Cologne se dressait enfin dans toute sa splendeur achevée. C'est sous la domination prussienne que furent construits les nouveaux faubourgs, ces nouveaux quartiers s'étendant au-delà de l'enceinte médiévale, et ces ceintures, d'une telle splendeur autrefois, aménagées sur l'emplacement de ses fossés.

Après la démolition des murs de la ville, en 1881, Cologne connut une croissance sauvage. Et si Cologne atteignit alors les dimensions d'une métropole, ce n'est pas seulement en raison de ses nouveaux quartiers prestigieux. Jusqu'en 1922, la ville absorba de nombreux villages et hameaux environnants et, dans les années vingt et trente, sous le mandat d'un maire d'exception, Konrad Adenauer, ces villages donnèrent naissance à des faubourgs souvent très modernes. L'aménagement des Ceintures vertes Intérieure et Extérieure, avec le stade de Müngersdorf, qui accueille encore aujourd'hui les foules de supporters de la Bundesliga, fut également l'un des bienfaits de la politique communale mise en œuvre sous Adenauer. C'est à ce maire démis de ses fonctions en 1933, par les national-socialistes, que la ville doit une reconnaissance particulière pour ce poumon vert. La «ceinture chimique» de Cologne, zone de concentration d'industries chimiques sans doute la plus dense d'Allemagne, se trouve ainsi contrebalancée par une ceinture de verdure d'une grande importance.

En 1942, enfin, ce fut le début des terribles bombardements des alliés sur Cologne qui, à la fin de la Seconde Guerre mondiale, avaient réduit à l'état de ruines l'une des plus belles villes anciennes d'Europe au caractère médiéval encore profondément marqué. A l'intérieur des ceintures, il n'y avait pour ainsi dire plus une seule pierre debout. En mars 1945, lorsque les troupes américaines entrèrent dans ce désert de décombres, la vieille ville de Cologne était détruite à quatre-vingt-dix pour cent. La population de la ville n'était plus que d'à peine 30 000 personnes qui avaient attendu la fin de la guerre quelque part, s'abritant dans des caves ou dans des trous. Rien n'avait été épargné, pas une seule de ces vieilles églises romanes, pas un seul de ces prestigieux édifices profanes bordant les ceintures – Cologne semblait morte à jamais. Seule la cathédrale, symbole de la puissance et de la grandeur passées, était encore debout, mais elle était, bien sûr, gravement endommagée. Et – au grand étonnement des habitant de Cologne qui y virent comme un miracle dans tout ce chaos – le Rhin coulait comme auparavant. Les ponts s'étaient effondrés dans ses eaux mais le fleuve auquel la ville devait tant lui était resté.

Comme partout en Allemagne, le reconstruction fut entreprise sans grand projet d'ensemble. Ceux qui trouvaient le courage de recommencer purent le faire. C'est ainsi que s'expliquent les erreurs d'urbanisme de ces premières années de l'après-guerre. Le premier souci des citoyens et de l'administration, c'était de rappeler leur ville à la vie, de relancer modestement le commerce et l'économie. Les habitants de Cologne n'avaient pas perdu confiance en l'avenir de leur vieille «Mère Colonia» – rien ne me paraît plus symbolique de cette espérance que le souvenir qui m'est resté de ma toute première impression dans cette ville où je ne suis pas né mais que je considère comme ma patrie depuis ces années d'après-guerre. C'était un petit garçon qui venait de débarquer dans les ruines de la gare centrale, une pauvre petite valise à la main, désemparé, désorienté, arrivant de l'Est de l'Allemagne et cherchant la maison de sa grand-mère qui vivait à Cologne. Il resta là, longtemps, étonné, le souffle coupé par l'immense cathédrale et puis, il s'engagea dans la Hohe Strasse – la plus importante artère nord-sud à l'époque romaine comme au Moyen-Age, et, jusqu'à la guerre, une très belle rue commerçante. Or, ce n'était plus qu'un étroit sentier pour piétons, tracé entre les montagnes de décombres qui le bordaient à gauche et à droite et où se pressaient des gens allant on ne sait où. Et, à mi-chemin, sur le côté droit, quelqu'un avait dressé une baraque et y offrait toutes sortes d'objets hétéroclites, au-dessous d'une

enseigne proclamant «Au Roi des Magiciens». Des tours de magie – Cologne semblait tirer son courage de ses illusions.

Dans les années cinquante, la ville prit lentement un nouvel aspect, pas toujours en harmonie, hélas, avec le style des anciennes constructions. Ainsi, l'Opéra et le Théâtre, la reconstruction du Wallraf-Richartz-Museum à côté de l'église des Minorites, le Gürzenich avec la ruine de Saint-Alban, les immeubles froids, lisses, des rues commerçantes et résidentielles. Dans les années cinquante, il fallait encore calculer au plus juste et l'architecture devait être avant tout fonctionnelle. Mais tout cela appartient déjà à l'histoire. Plus difficile à pardonner aux urbanistes, par contre, ce sont leurs grossières entailles, le tracé de voies rapides au milieu de l'ancien centre ville, le dépeçage de belles places et d'ensembles architecturaux tels que le Marché au Foin ou la place Ebert. Aujourd'hui, on réfléchit au moyen de débarrasser la ville des conséquences de cette myopie en matière d'urbanisme. Il en coûtera des millions mais ce n'est pas nouveau pour les habitants de Cologne. Dans cette ville, on commence par foncer dans la mauvaise direction pour chercher le meilleur chemin après! Cela s'inscrit très bien dans la mentalité si typique de Cologne, dans cet amour du «Klüngel» pratiqué par le Conseil municipal, dans l'administration, dans la vie publique. Le «Klüngel» – c'est quelque chose d'inexprimable mais recouvrant une pratique inséparable de Cologne, au même titre que sa cathédrale ou que sa bière blonde, la «Kölsch». C'est un jeu en demi-jour, la mise en œuvre de tactiques, l'acceptation de compromis qui, en fin de compte, n'en sont pas – ou en sont peut-être tout de même?

Les habitants de la ville actuelle sont, comme de tout temps, des gens qui aiment leur ville et vivent au diapason avec elle. Ils sont tolérants, aiment leur tranquillité, sont parfois capables de se montrer grossiers et bruyants – mais quoi qu'ils fassent ou quoi qu'ils disent, cela vient toujours du fond du cœur. Les habitants de Cologne sont ouverts au monde, libéraux, toujours sceptiques face à tous les radicalismes et à tous les fanatismes. Ce ne sont pas des conservateurs endurcis non plus. Les habitants de cette ville rhénane semblent plutôt pétris de ce mélange de tradition et de volonté de regarder en avant que la ville vient de redécouvrir, près de cinquante ans après la fin de la guerre, et qui se manifeste également dans son aspect. Et puis ils trouvent dans leur Carnaval une merveilleuse occasion de dépressuriser. Une fois par an, on peut se défouler, oublier toutes les frustrations, faire le fou dans l'exubérance la plus totale. Après, c'est plus facile de savourer la vie, pendant une année entière, tranquillement et avec sagesse. Car c'est un plaisir aussi que de vivre dans cette ville de Cologne si raffinée, si résolument tournée vers la vie, cette «Mère Colonia» qui est la seule ville d'Allemagne à pouvoir s'enorgueillir d'un passé de deux mille ans – serait-ce le secret de sa jeunesse?

COLONIA

Colonia – nel medioevo era la città più grande e ricca della Germania, ed anche la più potente. Colonia – già mille anni fa era una delle metropoli più importanti d'Europa. Colonia – era anzitutto la »hillige Köln«, la Colonia santa, che aveva l'orgoglio di competere con Gerusalemme e con Roma. Già sotto gli Imperatori Ottoni nel 10. secolo divenne città di fama internazionale, centro del potere politico e religioso in Germania. Gli arcivescovi di Colonia erano i signori politici e religiosi della città, e come principi del Regno, i consiglieri ed aiutanti più influenti degli Imperatori della Germania nel medioevo.

L'antichissima città romana sul Reno, che si definì »Roma del Nord«, si circondò a cavallo del 12. e 13. secolo con delle muraglie di cinta che erano le più grandi costruzioni protettive a settentrione delle alpi. Questa muraglia si svolgeva per circa ottomila metri, aveva 12 portali, e proteggeva il santuario più importante della Germania, nel quale dal 1164 furano adorate le spoglie dei Tre Re Magi. La Colonia delle chiese e delle torri, la Colonia santa, immagine e copia della Santissima Gerusalemme. Le mura di cinta mai furano superate, da nessun nemico mai distrutte. Protessero la città persino durante la guerra dei Trent'anni dalla devastazione, difesero i cittadini persino dai loro arcivescovi – per secoli garantivano sicurezza e tranquillità, premessa per il potere cittadino; finchè i cittadini stessi di Colonia la demolirono nel 1881, quando la città si ingrandiva in modo incredibile e sopraffava le barriere della tradizione, si avventurò nell'evoluzione tecnica ed industriale, insomma si affacciava al ventesimo secolo. Soltanto tre portali rimasero intatti, assieme a qualche rovina della muraglia e questo a causa di una decisione del governo prussiano. I cittadini oggi sarebbero grati ai loro avi tanto innovativi se il muro esistesse ancora; questo monumento a dodici porte, unico in Europa, però allora ai cittadini non stava tanto a cuore e non creava tali sentimentalità. Né poterono sapere, che dopo le distruzioni catastrofiche della Seconda Guerra Mondiale ogni pietra originale della Colonia antica sarebbe divenuta un testimone dell'antica identità cittadina.

Tali relitti a Colonia però si trovano quasi ovunque. Ci parlano, come il mosaico di Dionigi, scoperto per caso durante l'ultima guerra, o come i resti del pretorio romano, che vennero alla luce soltanto nel 1953, del bimillenne passato della città. Le radici di Colonia si perdono nel buio dell'epoca romana.

Nell'anno 55 a.C. Cesare, provenendo dalla Gallia aveva raggiunto il Reno. All'altezza dove passò il fiume per la prima volta, presso l'odierno Neuwied, abitarono sulla sponda destra le tribù degli Ubii, che erano gli unici a collaborare coi romani. A protezione della frontiera renana tanto insicura nel 38 a.C. il duce Marcus Vipsanius Agrippa trasferí gli Ubii sulla sponda sinistra, nella conca dell'odierna Colonia. Fondò l'Oppidum Ubiorum, una importante fortezza d'avamposto contro le tribù germaniche della sponda destra, che poi divenne, per cosí dire, il seme

dell'odierna Colonia. Nell'anno 50 p.C. Julia Agrippina, la moglie dell'Imperatore Claudius, nata qui ad Oppidum Ubiorum, riuscí ad avere per l'importante porto fluviale militare e centro d'affari sul Reno il diritto di »castrum«. A questi diritti si legò anche il nuovo nome: Colonia Claudia Ara Agrippinensium, abbreviato: CCAA. Con la nomina a città romana fu eretta una muraglia di cinta stabile che circondò in rettangolo un'area di un chilometro quadrato. Colonia ben presto divenne sede di veterani militari fuori servizio. Questi portarono i loro beni, arrivarono artigiani e Colonia ebbe il suo primo sviluppo economico. Dopo la riforma del 90 p.C. i territori del regno romano lungo il Reno furono riorganizzati e Colonia divenne la capitale della Provincia della Bassa Renania. Il governatore romano aveva la sede nel pretorio, le cui fondamenta oggi tutti possono visitare sotto l'odierno municipio cittadino – unità di luogo e tempo!

L'imperatore Costantino nel 310 fece erigere sulla sponda destra del Reno il Castello Deutz ed un ponte stabile sul fiume. Allorchè all'inizio del 5. secolo le legioni romane furono ritirate dalla frontiera renana, Colonia venne regnata dai Franchi. Da tanto tempo ormai Colonia era una città cristiana ed il vescovo Kunibert era abile di combinare il potere religioso con quello politico di consigliere degli Imperatori dei Franchi. Quando divenne Imperatore Carlo Magno, il suo fido amico Hildebald divenne il primo arcivescovo di Colonia. Hildebald morí nel 818 ed allora era già in costruzione l'antico Duomo carolingo, sul luogo, ove oggi si trova il Duomo gotico.

Sotto l'arcivescovo Bruno, il fratello minore dell'Imperatore Ottone I., che nel 953 divenne anche duca della Lorena, Colonia si sviluppò a metropoli. Molti conventi e chiese furono fatti in donazione ed il nome di Colonia come città di chiese romaniche – di cui dodici si possono ancor oggi visitare – fu fondato in questo secolo tanto fortunato per la città. Certamente, la fusione fra potere politico e religioso nelle mani dell'arcivescovo, come dopo Bruno per secoli era uso, non si addiceva ai cittadini di Colonia. Si sentirono repressi nei loro diritti. Ogni tanto c'erano delle rivolte ed insurrezioni, finchè nel combattimento di Worringen nel 1288 (oggi un rione settentrionale della città) i cittadini acquistarono definitivamente la libertà politica dalla chiesa ed esiliarono il loro arcivescovo. Da allora i potentati religiosi soltanto per le festività della chiesa poterono entrare in città. Avevano la loro sede a Bonn, la città vicina sul Reno che ancor oggi viene vista dai cittadini con un po' di disprezzo. E saranno le radicate tradizioni storiche causate dall'innata paura, che ancor oggi impedisce ai cittadini di avere una relazione rilassata ed un contatto cordiale con i loro arcivescovi.

Giá sotto l'arcivescovo Bruno la città per la prima volta fu ingrandita. Dove oggi si trova il centro storico, attorno alla chiesa di Groß St. Martin, si trovava un'isola del Reno; l'alveo del laterale fu riempito e nacque un nuovo rione cittadino. Agli inizii del 12. secolo un ulteriore ingrandimento, oltre le antiche mura romane, incorporò poderi e collegiate come quello di St. Pantaleon nella città. Il terzo, il piú vasto ingrandimento era connesso con uno dei tanti conflitti tra gli abitanti di Colonia ed il loro arcivescovo. Nel 1180 il comune aveva iniziato contro la volontà dell'arcivescovo, a costruire le massicce mura di cinta. L'Imperatore Barbarossa dovette intervenire, calmando le acque – l'orgoglio ed il senso di potere degli abitanti di Colonia aumentarono. Già nel 1164 un altro evento aveva causato reazioni simili: l'arcivescovo Rainald von Dassel, il cancelliere dell'Imperatore Federico Barbarossa, aveva portato in trionfo le spoglie dei Tre Re Magi da Milano a Colonia – e Colonia divenne punto d'attrazione per migliaia di pellegrini, che significavano un incremento economico non indifferente per la città; essere cittadini di Colonia garantiva un buon profitto.

Nel 1248 il comune iniziò la costruzione del nuovo Duomo gotico. Non solo doveva essere una decorosa casa per le spoglie dei Tre Re Magi ed offrire posto ai pellegrini – doveva essere la piú grande chiesa cristiana fino allora eretta. Colonia ne vuol fare una dimostrazione della sua importanza, anche se i lavori vengono sospesi per tre secoli e vengono ripresi soltanto nell'ottocento sotto il governo prussiano, che portò a termine i lavori della fabbrica.

L'arcivescovo Konrad von Hochstaden, che pose la prima pietra per la cattedrale gotica, concesse alla città sul Reno nel 1259 il privilegio del magazinaggio e con ciò una entrata finanziaria riguardevole per Colonia, che doveva durare per secoli: tutte le merci che furono trasportate in su od in giú per il Reno dovettero essere per tre giorni scaricate ed immagazzinati a Colonia. I commercianti della città ora avevano una priorità di comperare ed il comune ne approffittò con dazi e tasse – anzi non è esagerato affermare, che viveva da questi introiti. Soltanto negli anni trenta dell'ultimo secolo questo privilegio di Colonia, il cosidetto »Stapelrecht«, fu abolito.

Simile allo »Studium Generale« del monaco dominicano Albertus Magnus nel 1388 venne fondata a Colonia la prima università borghese della Germania, la Albertus-Magnus-Universität; era l'orgoglio della città, finche nel 1794 fu chiusa dalle truppe della rivoluzione francese. Soltanto nel 1919 fu riaperta agli studenti dall' allora sindaco della città Konrad Adenauer, che dopo la Seconda Guerra Mondiale divenne il primo cancelliere della Germania Federale Tedesca.

L'orgoglio dei cittadini di Colonia non si volse soltanto contro gli arcivescovi: nel 1396 furono spogliati dai loro poteri anche i nobili, e gli artigiani di Colonia s'impossessarono della città. Nel cosidetto »Verbundbrief«, una specie di costituzione democratica, i cosidetti »Gaffeln«, una specie di corporazioni dell'epoca, che erano sorte dalle associazioni artigiane, si fecero una nuova costituzione cittadina; nel 1475 la città fu dichiarata da Federico III. Città Libera dell'Impero – un privilegio che venne abolito soltanto nel 1794 con l'arrivo delle truppe francesi della rivoluzione.

Con i commercianti, che avevano contatti con tutti i paesi, anche con quelli piú lontani, Colonia aveva aderito anche alla Lega commerciale della Hanse, erano particolarmente gli artigiani della città, che con la loro diligenza ed esperienza, ma anche col talento di organizzare, accumularono dei patrimoni nella città. Le loro corporazioni erano importanti associazioni, che ebbero grande influenza sull' evolversi e sulle decisioni comunali e sulla vita pubblica in generale. I ventidue »Gaffeln« non solo si opposero spesso al Consiglio Comunale, ma persino lo comandarono. La rivolta del commerciante in biancherie, Nikolaus Gülich contro il Consiglio corrotto era un simbolo evidente del potere dei cittadini e delle loro corporazioni. Gülich, che originariamente si era battuto per una amministrazione pulita, piú tardi si lasciò impantanare dal potere e venne decapitato nel 1686 a Mülheim sulla sponda destra, quella poco amata dagli abitanti di Colonia.

In numerose corporazioni artigiane giá fin da principio le donne svolgevano mansioni importanti. Erano dirigenti di ditte, svolsero degli affari, erano in contatto con il Gran Consiglio Comunale – un esempio della liberalità e tolleranza, anche se ben limitata, che era una delle caratteristiche di Colonia. In questa città per tanto tempo fervidamente cattolica e dedita all'Imperatore c'era anche la possibilità di cittadinanza per i miscredenti, però questo privilegio era collegato agli interessi d'affari e del commercio di Colonia. Dal 1576 esisteva il cosidetto »Geusenfriedhof«, un cimitero nel quale erano sepolti i navigatori e commercianti protestanti ed olandesi, che erano vissuti a Colonia.

Verso gli Ebrei però la »santa« Colonia si dimostrò poco tollerante. Durante la peste del 1349 furono perseguiti, il loro rione presso il municipio fu incendiato e loro stessi dovettero lasciare la città. Nel 1372 poterono richiedere nuovamente – con molte restrizioni però – la cittadinanza, ma nel 1424 dovettero lasciare definitivamente la città del Duomo. Soltanto dal 1798 al 1802, con i diritti civili perorati dalla rivoluzione francese, gli Ebrei ebbero di nuovo la cittadinanza di Colonia, diritti, che spettavano anche ai protestamti.

In una città, che era aperta al mondo, che inviava i suoi commercianti in tutti i paesi – Colonia era per esempio il piú grande mercato del vino in Europa fin dall'epoca dei Romani – che non respinse gli stranieri e che seppe anche mantenere la sua caratteristica locale, in breve si verificò un'atmosfera, che si addiceva anche gli artisti. Il visitatore d'oggigiorno si meraviglierà forse delle tante galerie a Colonia e l'attrazione che la città d'arte oggi ha per i turisti – per il cittadino di Colonia invece si tratta di una tradizione ormai antica. Già nel tardo medioevo era conosciuta la cosidetta Scuola Pittorica di Colonia, i cui artisti – ad eccezione di Stefan Lochner non sono noti di nome. Le loro opere hanno reso alla città un nome famoso ed inoltre formano un patrimonio artistico senza paragoni. Già allora, ai tempi di Stefan Lochner ed Albrecht Dürer, per i cittadini ricchi era un onore ed un dovere donare delle opere d'arte e fare da mecenate agli artisti. Anche ciò che non corrispondeva o non corrisponde al gusto della borghesia cittadina, a Colonia si può presentare; tutto trova un'interessente in questa città vivace e tanto urbana.

L'ottocento era particolarmente fecondo per il mecenatismo della Renania, che tanto strettamente è collegato alla storia di Colonia. Ferdinand Franz Wallraf collezionò e comprò tante di quelle opere, che a causa della secolarizzazione in seguito alla rivoluzione francese vennero offerte sul mercato, tra cui tante opere d'arte religiosa. Salvò, tutto quel che gli era possibile salvare e già nel 1818 fece donazione della sua collezione alla città. Il commerciante Heinrich Richartz fece una donazione in danaro per la costruzione di un museo, che da allora porta il nome dei due donatori ed è diventato una delle istituzioni d'arte più importanti del mondo. Il Wallraf-Richartz-Museum fu inaugurato nel 1861 ed era il primo museo comunale della Germania; oggi è assieme al museo Ludwig e col nuovo edificio del museo costruito ed inaugurato nel 1986 tra il Duomo ed il Reno il fulcro d'attrazione della Colonia d'arte e di cultura. Anche l'industriale Peter Ludwig di Aquisgrana che nel 1976 donò gran parte della sua collezione d'arte moderna è uno degli illustri mecenati tipici della Renania, ai quali la città deve tanto. Tra i molti nomi vogliamo citare in rappresentanza solo Josef Haubrich: l'avvocato donò nel 1946 la sua collezione alla città e diede un segnale di speranza in un' epoca nella quale gli abitanti nella loro città completamente distrutta pensavano piuttosto al tozzo di pane quotidiano od al pacchetto di sigarette acquisite sul mercato nero che non all'arte. La donazione di Haubrich, forniva le basi per la ristrutturazione del reparto d'arte moderna del Wallraf-Richartz-Museum, che negli anni della barbarica era nazista era stata spogliata e devastata delle migliori opere, ritenute non conformi all'ideale germanico e perciò dichiarata »Arte degenerata«.

Allorquando la città si arrese nel 1794 alle truppe della rivoluzione francese senza opporre resistenza, sembrava che la grande tradizione sarebbe finita. Ma il periodo dell'occupazione francese per Colonia – come del resto per tutta la Renania – era tutt'altro che un epoca buia. Certamente, l'arcivescovado di Colonia fu proibito, l'università chiusa, le collegiate ed i conventi secolarizzati. D'altro canto si ebbe l'introduzione della costituzione municipale, una riorganizzazione dell'amministrazione e del diritto giuridico, la garanzia della libertà religiosa. Nel 1803 a Colonia fu fondata la prima Camera di Commercio della Germania e nella città stessa molto volgeva verso il meglio. Le case furono numerate – ed il numero famoso 4711, per un eau de cologne, si rifà al numero del podere nella Glockengasse dove stava la fabbrica e che venne così numerata da un'ufficiale francese! Persino il Duomo ebbe il suo numero; in quel periodo purtroppo serviva da stalla per i cavalli degli occupatori francesi. Gli abitanti di Colonia, che dalle epoche dei romani e di Carlo Magno erano più propensi a cercare i loro interessi rivolti verso ovest o verso sud, che non sulla sponda opposta del Reno, sopportarono l'occu-

pazione francese per vent'anni con umori variabili, mai però con odio o antipatia manifesta. Dopo la pace di Lunéville nel 1801, la sponda sinistra di Colonia veniva assegnata alla Francia. Le truppe dei Prussiani e dei Russi, che sostituirono i Francesi che nel 1814 si ritirarono da Colonia, erano molto meno benvenuti che non i loro predecessori.

Nel 1815 la Renania assieme a Colonia fu sottomessa alla Prussia – una delle decisioni del Congresso di Vienna. Colonia, l'antica Città Libera dell'Impero, la più grande della Germania occidentale non divenne – con grande sdegno dei suoi cittadini – la capitale della provincia prussiana della Renania, ma la piccola Coblenza! L'università di Colonia sotto la Prussia non fu riaperta, al contrario, a Bonn venne installata una università nuova – fatto che gli abitanti di Colonia non hanno mai perdonato alle Prussia. D'altro canto i Prussiani fecero di Colonia un centro di commercio e traffico in grande sviluppo. La fabbrica del Duomo, che era stata interrotta trecento anni fa, sotto Re Friedrich Wilhelm IV. di Prussia fu riattivata e nel 1880 il Duomo si eresse nel massimo fulgore e maestà. Sotto il governo prussiano furono disegnati anche i nuovi rioni oltre l'antica muraglia di cinta medievale e sorsero le splendide circonvallazioni, che furono erette sui terrapieni.

Dopo la demolizione delle muraglie di cinta nel 1881, Colonia si ingrandí prepotentemente. Non soltanto i nuovi rioni nobili conferirono a Colonia un' aspetto metropolitano. Numerosi villaggi e caseggiati dei paraggi adiacenti furono incorporati fino al 1922 nella città. Attorno a questi nuclei paesani negli anni venti e trenta del nostro secolo, sotto la guida del lungimirante sindaco Konrad Adenauer si svilupparono nuovi centri modernissimi. Il disegno della cerchia verde interna ed esterna con lo Stadio Comunale di Müngersdorf, nel quale oggi si danno convegno gli appassionati del calcio era un capolavoro della politica comunale dell'era Adenauer. Oggi la città a lui, che fu dimesso dal suo ufficio nel 1933 dai nazisti, è molto grata per questo polmone verde. »La cerchia della chimica« attorno a Colonia, il centro più denso di questo tipo di complesso industriale in Germania, qui ha il suo bensí piccolo contrafforte.

Nel 1942 i bombardamenti aerei degli alleati su Colonia distrussero fino alla fine della Seconda Guerra Mondiale quasi completamente una delle città più splendenti d'Europa, che aveva mantenuto quasi intatto il suo tessuto urbanistico ancora medievale. Nel verso senso della parola a Colonia all'interno delle cerchie cittadine non una pietra rimase sull'altra. Quando le truppe americane entrarono in questo deserto di macerie nel marzo del 1945 il centro storico di Colonia era distrutto per il 90 per cento. La popolazione contava ormai soltanto 300.000 persone, che erano ritanate qua e la in cantine e buche in attesa della fine della guerra. Nessuna delle antiche chiese romaniche, nessuno dei splendidi edifici rappresentativi civili sulle circonvallazioni erano rimaste intatte – sembrava che Colonia fosse scomparsa per sempre. Soltanto il Duomo, il simbolo del potere e dell'importanza di un'epoca che fu, era ancora in piedi, anche se gravemente danneggiato. In tutta questa situazione catastrofica ai cittadini sembrava simile ad un miracolo – le acque placide del Reno continuavano a scorrere lungo le sponde, come se niente fosse accaduto. I ponti erano distrutti e le loro ferraglie si stagliavano dalle voghe, ma il fiume, al quale la città dovette tanta della sua fortuna, le era rimasta fedele.

Come dappertutto in Germania la ricostruzione inizialmente si fece senza avere dei piani lungimiranti. Chi aveva il coraggio di incominiciare da zero, era benvenuto. Cosí in parte si spiegano i peccati dell'edilizia del primo dopoguerra – dalla volontà dei cittadini e dell'amministrazione, di rivivacizzare la città e mettere in moto, anche se ridottamente, commercio ed economia. Gli abitanti di Colonia ebbero fiducia nel futuro della loro »Mutter Colonia« – niente mi è rimasto talmente impresso nella memoria come il mio primo incontro con questa città, nella quale non ero nato, che però da questi anni del dopoguerra considero come la mia patria: C'era il piccolo ragazzo, che appena era arrivato alla stazione centrale con una scadente valigia nella mano, perplesso e privo d'aiuto, che veniva dall'est della Germania ed ora era in viaggio alla casa della nonna, che viveva a Colonia. A lungo stette a guardare il Duomo stragrande, meravigliato e senza fiato, e proseguí per la Hohe Strasse, l'asse nord-sud piú importante dell'epoca romana e nel medioevo, che prima della guerra era una splendida strada con negozi lussuosi. Ora c'era un stretto varco tracciato per i pedoni tra le montagne di macerie e le persone si affrettavano ad andare ognuno dalla sua parte. E nel mezzo, sul lato destro qualcuno aveva messo su un' edicola con robe vecchie: l'aveva battezzata »Dal Re dei Maghi«. Magia – Colonia si fece coraggio con giochi da prestigiatori.

Negli anni cinquanta la città lentamente si rifece un nuovo volto, che però purtroppo spesso era dimentico degli edifici e delle facciate preesistenti. L'Opera ed il Teatro Comunale, il ricostruito Wallraf-Richartz-Museum a lato della chiesa Minorita, il Gürzenich con la rovina di St. Alban, vialoni e rettilinei senza volto e caseggiati di abitazioni: negli anni cinquanta non si badavo al bello, considerato superfluo, l'architettura era al servizio della funzionalità. Però quest'epoca anch'essa ormai ha un significato storico. Quasi imperdonabili sono invece i gravi, madornali errori che i progettisti urbanistici fecero con le autostrade cittadine che tagliano l'ex centro. Il dividere delle piazze e dei centri cresciuti nei secoli come il vicino Heumarkt o nelle vicinanze dell'Ebertplatz sono dei peccati inspiegabili. Oggi ci si pensa, come sarà mai possibile a rimediare a questi fatti di miopia urbanistica. Costerà dei miliardi ma anche di questo ormai gli abitanti di Colonia ne hanno fatto il callo: prima si costruisce qualcosa di giusto però nel modo sbagliato, e piú tardi si trova la soluzione esatta! Questo però fa anche parte della mentalità degli abitanti di questa città, con i contatti stretti, spesso troppo stretti col Consiglio Comunale, coll' amministrazione, con la vita publica, il cosidetto »Kölner Klüngel«. Questa espressione traducibile forse come »mafia cittadina locale« fa parte già da sempre della città – come il Duomo o la birra chiara fermentata, il cosidetto »Kölsch«. Si tratta di darsi da fare nel nascosto, intuire stratagemmi, fare dei compromessi sotto mano che in fin dei conti non sembrano tali – o forse non lo sono per niente?

L'abitante di Colonia ciò nonostante è un borghese che ama la sua città e ne è conscio di vivere in essa. E' tollerante, ama la quiete, puó talvolta essere rumoroso e un po'rozzo, sempre però, in ogni cosa che fa, ci mette il cuore. Gli abitanti sono rivolti verso il mondo, liberali, e scettici verso ogni tipo di radicalismo o fanatismo. D'altronde non sono soltanto dei conservatori testardi; piuttosto un carattere amabile con tradizione rivolto verso il futuro, in corrispondenza della città stessa, che quasi cinquant'anni dopo la fine della guerra si presenta nel suo aspetto esteriore come una metropoli moderna sul Reno. Ed inoltre Colonia ha il magnifico evasivo del carnevale: una volta all'anno gli abitanti possono uscire di senno, scuotersi di dosso tutte le frustrazioni giornaliere, presentarsi il piú matto possibile. Dopodichè è piú semplice accettare di nuovo per tutto l'anno la vita quotidiana com'è in quiete e tolleranza. E' divertente vivere in questa città tanto urbana e rivolta verso la vita – Colonia, la cosidetta »Mutter Colonia«, ha qualcosa di unico in Germania: è vecchia duemila anni, e duemila anni giovane.

Die Bilder   The photographs   Les photos   Le fotografie

1 Altstadtpanorama

Den schönsten Blick auf das alte, das »heilige« Köln hat man von der rechten Rheinseite aus, von der von den eigentlichen Kölnern so geschmähten und gemiedenen »Schäl Sick«, der Seite also, die abseits liegt, auf die man schief, verächtlich herabsieht. Vom neuen Hyatt-Regency-Hotel auf der rechten Rheinseite, zwischen Hohenzollern- und Deutzer Brücke, erfaßt man im Rheinpanorama zweitausend Jahre Kölns: Stadt und Strom, Kunst und Leben, Macht und Handel – erhaben und greifbar, heilig und bürgerlich zugleich.

1 Panorama of the Old City

The most beautiful view of the old »holy« Cologne can be had from the right bank of the Rhine, the side so despised and avoided by the actual inhabitants of Cologne, the side which is off the beaten track, at which one looks askance and with contempt. From the new Hyatt-Regency Hotel on the right bank of the Rhine between the Hohenzollern and Deutzer bridges, the panorama on the Rhine covers two thousand years of Cologne's history: city and river, art and reality, power and trade – sublime and tangible, holy and commonplace at the same time.

1 Vue sur la Vieille Ville

Pour avoir la plus belle vue sur la Vieille Ville, la Cologne «sacrée», il faut passer sur la rive droite du Rhin, cette «Schäl Sick» méprisée et ignorée des habitants de souche de Cologne, cette rive donc, qui reste à l'écart, mal vue et dédaignée. Du nouvel hôtel Hyatt Regency établi sur cette rive droite du Rhin, entre deux ponts, le Hohenzollernbrücke et le Deutzer Brücke, on embrasse 2000 ans d'histoire de Cologne inscrits dans le paysage rhénan : la ville et le fleuve, les arts et la vie, le pouvoir et le commerce. C'est sublime et palpable, sacré et tangible à la fois.

1 Panoramica della città antica

La vista piú bella sulla città antica, sulla Colonia »santa«, la si ha dalla sponda destra del Reno, dal rione »Schäl Sick«, un rione malfamato che i cittadini per bene evitano, insomma da quel quartiere cittadino, che è un po'appartato ed il quale i cittadini borghesi guardano un po'di sbieco. Sul lato destro del fiume è stato eretto il nuovo hotel Hyatt-Regency tra i ponti di Hohenzollern e quello di Deutz: da qui si vedono 2000 anni di storia di Colonia: Città e fiume, arte e vita, potere e commercio – solennità e semplicità, santità e borghesia vivono in comune.

2 Blick von der Zoobrücke auf den Dom und St. Kunibert

In den Jahren 1247 und 1248 vollzieht sich die für Kölns Stadtbild bis heute prägende Wende. Mit der Stiftskirche St. Kunibert wird die jüngste der heute noch erhaltenen romanischen Kirchen geweiht, und im selben Jahr, 1247, beschließt das Domkapitel, einen neuen, gotischen Dom zu bauen. Er soll die gewaltigste Kirche des christlichen Abendlandes werden, ein majestätisches, würdiges Haus über dem Schrein mit den Gebeinen der Heiligen Drei Könige. Ein Jahr darauf, 1248, legt Erzbischof Konrad von Hochstaden in feierlicher Zeremonie den Grundstein. Der sogenannte »Alte Dom«, den Erzbischof Hildebald, zuvor Hofkaplan Karls des Großen, im 9. Jahrhundert hatte errichten lassen, wird Zug um Zug abgerissen. Der neue Dom wächst nach Plänen des ersten Dombaumeisters Gerhard von Ryle empor. Er orientiert sich an französischen Vorbildern, so besonders an der Kathedrale von Amiens. Doch von der Grundsteinlegung bis zur Vollendung des Dombaus in Köln dauert es mehr als sechs Jahrhunderte. Erst 1880, unter preußischer Herrschaft und im Beisein von Kaiser Wilhelm I. wird der letzte Stein auf die Kreuzblume des Südturms gesetzt. Erst seitdem hat Köln sein unverwechselbares Panorama.

2 View from the Zoo bridge towards the Cathedral and St Kunibert

The appearance of the city as we see it today began to take shape in the years 1247 and 1248. St Kunibert, the youngest of the Romanesque churches which still remain, was consecrated in 1247, and in the same year it was decided to erect a new, Gothic cathedral. It was to be the biggest church in Christendom, a majestic, worthy house over the shrine with the relics of the Magi. One year later, in 1248, Archbishop Konrad von Hochstaden laid the foundation stone in a solemn ceremony. The so-called »Old Cathedral« which Archbishop Hildebald, the former court chaplain of Charlemagne, had built during the C9 was pulled down bit by bit. The new cathedral was erected to plans by the first cathedral architect, Gerhard von Ryle. It was based on French models, in particular the cathedral of Amiens. However, it took more than six centuries after the laying of the foundation stone until the cathedral of Cologne was completed. In 1880, under Prussian rule, the last stone was placed on the finial of the south tower in the presence of Emperor Wilhelm I. Only since then has Cologne's panorama been so unmistakable.

2 Vue du pont du Zoo sur la cathédrale et Saint-Cunibert

C'est en 1247 que se produisirent les événements décisifs pour l'aspect actuel de la ville de Cologne: la consécration de la collégiale Saint-Cunibert, la plus ancienne des églises romanes existant encore, et, la même année, la décision prise par le chapitre de construire une nouvelle cathédrale, gothique celle-là. Ce serait l'église la plus imposante de tout l'Occident chrétien, un édifice majestueux digne d'abriter le reliquaire contenant les ossements des Trois Rois. Un an plus tard, en 1248, l'archevêque Conrad von Hochstaden pose solennellement la première pierre. Tandis que l'on démolit progressivement la dite «Vieille Cathédrale», construite au IXe siècle par l'archevêque Hildebald, ancien chapelain de la cour de Charlemagne, la nouvelle cathédrale s'élève de plus en plus haut, sur les plan du premier maître-d'œuvre, Gerhard von Ryle. Il s'est inspiré de modèles français, de la cathédrale d'Amiens en particulier. Mais, il faudra attendre 1880 pour que soit posée la dernière pierre sur le fleuron de la tour sud, six siècles plus tard et en présence de l'empereur Guillaume Ier.

2 Il Duomo e St. Kunibert, visti dal ponte dello Zoo

Negli anni 1247 e 1248 per il panorama cittadino di Colonia si verifica un cambiamento di grande portata. St. Kunibert viene consacrata, ed è la più giovane delle chiese romaniche conservate; nello stesso anno il capitolo del Duomo decide di costruire un Duomo nuovo in stile gotico. Dovrà essere la chiesa più importante della cristianità, un solenne, maestoso edificio per lo scrigno con le spoglie dei Tre Re Magi. Un anno dopo, nel 1248, l'arcivescovo Konrad von Hochstaden in una pomposa festa pone la prima pietra. Il cosidetto »Duomo Vecchio«, che fu eretto dall'arcivescovo Hildebald, cappellano alla corte di Carlo Magno nel 9. secolo, viene demolito. Il Duomo nuovo cresce secondo i piani del primo architetto del duomo, Gerhard von Ryle. Si rifà ai modelli francesi e particolarmente alla cattedrale di Amiens. Dalla posa della prima pietra fino al compimento della fabbrica del Duomo passeranno più di sei secoli. Soltanto nel 1880 sotto il regime prussiano ed in presenza dell'imperatore Wilhelm I viene posata l'ultima pietra sulla guglia della torre meridionale. Da allora Colonia ha la sua inconfondibile silhouette.

3 Das Hauptportal des Doms

Durch das mittlere der drei Portale der Westfassade strömen die meisten Besucher in den Dom, deren Zahl jährlich in die Millionen geht. Das Portal wurde, wie auch die nördliche und südliche Querhausfassade, wie der Nordturm und wie das kleinere »Dreikönigenportal« erst in der letzten Bauphase (1842–1880) unter den Dombaumeistern Ernst Friedrich Zwirner und Richard Voigtel im neugotischen Stil fertiggestellt. Nur das rechte, das »Petersportal« stammt aus dem Mittelalter, ebenso der Südturm bis zu seinem zweiten Geschoß. Die gesamte Westfassade mit ihren drei Portalen, an die sich links und rechts je ein Fenster anschließt, und mit den fünf Fenstern des ersten Geschosses, die den Dom schon von außen als fünfschiffig erkennen lassen, entspricht freilich dem ursprünglichen mittelalterlichen Plan (um 1300). Er galt lange als verschollen, wurde 1814 und 1816 in Teilen in Darmstadt und in Paris wiederentdeckt und wird heute in der Johanneskapelle im Chorumgang des Doms aufbewahrt. Der Dom »St. Peter und Marien« trägt übrigens, wie jedes andere Gebäude in Köln auch, eine ganz normale Hausnummer: »Domkloster 4« heißt die wohl berühmteste Kölner Adresse, die weiß auf blau rechts am Mittelportal angebracht ist.

3 The Main Portal of the Cathedral

Most of the millions of visitors to the cathedral each year enter by the central of the three portals of the west front. Like the north and south transept façades, the north tower and the smaller »Portal of the Magi«, this portal was completed in neo-Gothic style during the last phase of building (1842–1880) under the cathedral architects Ernst Friedrich Zwirner and Richard Voigtel. Only the right-hand portal, the »Peter's Portal«, dates from mediaeval times, as does the south tower up to the second storey. The whole west front with its three portals with windows to left and right and five windows in the first storey, an indication from outside of a five-aisled cathedral, actually follows the original plan (c. 1300). For a long time it was thought to be lost, but the pieces were found in Darmstadt and Paris in 1814 and 1816 and are preserved today in the Chapel of St John in the ambulatory of the cathedral. Like every other building in Cologne, the cathedral of St Peter and Mary has a normal house number. Cologne's most famous address, »Domkloster 4«, can be seen in white on a blue ground, fixed to the right of the centre portal.

3 Le portail principal de la cathédrale

C'est par le portail central de la façade ouest, qui en compte trois, que la masse des visiteurs entrent dans la cathédrale. De même que les façades nord et sud du transept, la tour nord et le portail, plus petit, des «Trois Rois», ce portail de style néogothique a été achevé seulement dans la dernière phase de construction (1842–1880) dirigée par les maîtres-d'œuvre Ernst Friedrich Zwirner et Richard Voigtel. Seul le portail de droite, dit «de Pierre», ainsi que les deux niveaux inférieurs de la tour sud datent du Moyen-Age. Cependant, cette façade ouest – avec son ensemble de trois portails flanqué d'un vitrail de chaque côté et surmonté, au premier étage, de cinq vitraux correspondant aux cinq nefs de la cathédrale – figurait déjà sur les plans établis au Moyen-Age (vers 1300). Longtemps considérés comme perdus, ceux-ci avaient été en partie retrouvés en 1814 et 1816, à Darmstadt et à Paris. Aujourd'hui, ils sont conservés dans la chapelle Saint-Jean du déambulatoire. La cathédrale «Saint-Pierre et Sainte-Marie» porte, comme tous les autres monuments de Cologne, un numéro d'habitation, le «Domkloster 4», en blanc sur fond bleu, à droite sur le portail central.

3 Il portone centrale del Duomo

Attraverso il portone centrale della facciata occidentale a tre aperture, annualmente entrano milioni di visitatori nel Duomo. I portoni delle facciate del transetto, la torre settentrionale e il piú piccolo portone, il cosidetto dei »Re Magi« furono compiuti soltanto nell'ultima fase costruttiva (1842–1880) dagli architetti Ernst Friedrich Zwirner e Richard Voigtel in stile neogotico. Solamente il portone destro, di S. Pietro, è sorto nel medioevo, come anche la torre meridionale fino al suo secondo ordine. La facciata occidentale con i tre portoni, ai quali seguono una finestra da ambo i lati e con le cinque finestre del primo ordine, che fanno riscontro alle cinque navate all'interno, corrisponde in tutto al disegno originale medioevale (verso il 1300). Per lunghi secoli sembrava che fosse andato perso, ma nel 1814 e 1816 furono ritrovate le parti a Darmstadt ed a Parigi; oggi la pianta è conservata nella cappella St. Johannes nel ambulacro del coro del Duomo. Il Duomo, dedicato ai Ss. Pietro e Maria ha, come tutte le altre case cittadine un numero stradale e si chiama Convento del Duomo Nr. 4, probabilmente l'indirizzo piú famoso della città; la targa nei colori bianco e celeste è fissata al lato destro del portone centrale.

4 Blick zum Hochchor

Tritt der Besucher durch das Westportal in den Dom, so nimmt ihn auch heute unweigerlich gefangen, welches Empfinden einst diesen Bau entstehen ließ: die gotische Kathedrale als steingewordenes Abbild des Himmels. Die gewaltige Baumasse dieser größten gotischen Kathedrale überhaupt wirkt innen leicht, klar, fließend, hell. Der Blick wird wie selbstverständlich nach oben gelenkt, der Betrachter will sich mit ihm in den Raum erheben. Das Zusammenspiel von Architektur und Licht wird im Kölner Dom zu einem bewegenden Erlebnis. Die äußere Länge des Doms beträgt 144,4 Meter, seine innere 136,5 Meter. Die äußere Breite von der nördlichen Querhausfassade zur südlichen ist 86,2 Meter, die innere 75,2 Meter. Der äußeren Höhe des Mittelschiffs von 61,5 Metern entspricht die innere von 43,5 Metern. Die beiden Türme sind 157,3 Meter hoch (der Nordturm mißt genau 7 Zentimeter mehr als sein südlicher Zwilling). Die gesamte Glasfläche der Fenster deckt 10 000 Quadratmeter, und mit rund 7000 Quadratmetern ist die westliche Turmfassade die größte je gebaute Fassade einer Kirche. Das Gesamtvolumen des umbauten Raumes sind 407 000 Kubikmeter – wahrlich ein mittelalterliches Weltwunder!

4 View towards the Choir

Entering the cathedral by the west portal the visitor today is still inevitably captivated by the vision which once caused this building to be erected: the Gothic cathedral as the representation of heaven, created in stone. The interior of the vast bulk of this, the biggest of all Gothic cathedrals appears light, clear, flowing and bright. The eyes are naturally drawn upwards, the observer himself feels uplifted. In the cathedral of Cologne the interplay of architecture and light becomes a moving experience. The outer length of the building is 475 feet, the inner length 450 feet. The outer width from north to south transept façades is 280 feet, the inner 246 feet. The outer height of the nave is 200 feet corresponding to 143 feet inside. Both towers are 515 feet high (the north tower is 2.75 inches taller than the south tower). The total area of glass in the windows is 107,640 square feet and the west front with its 75,000 square feet is the largest church façade ever built. The total volume of the interior is 14,373,000 cubic feet – surely a mediaeval wonder!

4 Vue sur le chœur principal

Le visiteur contemporain pénétrant dans la cathédrale par le portail ouest est immanquablement subjugué par l'ambition qui a jadis présidé à la construction de cet édifice : cathédrale gothique taillée dans la pierre à l'image du ciel. A l'intérieur de cette cathédrale gothique, la plus grande au monde, tout est légèreté, clarté, facilité, luminosité. Saisi d'un sentiment d'élévation, le visiteur lève les yeux, irrésistiblement. Le jeu de l'architecture et de la lumière provoque une forte émotion. Cette cathédrale mesure 144,4 mètres de longueur extérieure pour 136,5 mètres de longueur intérieure. Sa largeur extérieure, du nord au sud du transept, est de 86,2 mètres, sa largeur intérieure de 75,2 mètres. Aux 61,5 mètres de hauteur extérieure (nef centrale) correspondent 43,5 mètres de hauteur intérieure. Les deux tours s'élèvent à 157,3 mètres de hauteur (la tour nord dépassant sa jumelle de 7 centimètres exactement). La superficie totale des vitraux est de 10 000 mètres carrés et, avec ses quelque 7000 mètres carrés, la façade ouest est la plus grande jamais contruite pour une église. Le volume total de l'édifice est de 407 000 mètres cubes – une véritable merveille de l'architecture médiévale !

4 Vista sul coro

Entrando nel Duomo dal portone occidentale, ancore oggi si viene preso dalla magica atmosfera dall'inspiegabile sentimento, che sta alle origini della fabbrica: la cattedrale gotica come simbolo del cielo divenuto pietra. L'enorme mole di questa grandissima cattedrale all'interno sembra librante, chiara, limpida, e leggera. Lo sguardo automaticamente si volge verso l'alto, lo spettatore viene portato in cielo dall'architettura. Il gioco d'insieme di architettura e luci nel Duomo di Colonia si uniscono ad una sensazione indimenticabile. La lunghezza del Duomo all'esterno comporta 144,4 ed all'interno 136,5 metri. La larghezza esterna delle facciata del transetto è di 86,2, all'interno di 75,2 metri. All'altezza esterna della navata centrale di 61,5 metri corrisponde quella interna di 43,5 metri. Le due torri sono alti 157,3 metri, (quello settentrionale è esattamente 7 cm piú alto del suo gemello meridionale). L'area totale finestrata comprende 10.000 metri quadrati e con circa 7000 metri quadrati la facciata della torre occidentale è la facciata religiosa piú grande mai costruita. Il volume totale del corpo costruito comporta 407.000 metri cubi – davvero un capolavoro del medioevo.

5 Das gotische Gewölbe

Die Vierung, in der Langhaus, Chor und die beiden Querschiffe ineinander übergehen, wird von einem eleganten Kreuzrippengewölbe überspannt. Das gewaltige Gewölbe lädt seinen Druck über das zierliche Netz der Kreuzrippen auf die Pfeiler ab – der riesige Bau erscheint dadurch leicht und wie durch ein Zelt überdacht. Genau hier an der Stelle des Betrachters, unterhalb des 43,5 Meter hoch im Gewölbe sitzenden Schlußsteins, in der Vierung, dem Zentrum des Doms, sollte ursprünglich der goldene Schrein mit den Gebeinen der Heiligen Drei Könige stehen.

5 The Gothic Vaulting

The crossing, in which nave, choir and the two transepts meet, is spanned by elegant ribbed vaulting. The thrust of the mighty vaults is conducted over the graceful net of ribs onto the piers, almost as though the huge building were covered with a light tent roof. Here in the crossing, the centre of the cathedral, the golden shrine with the relics of the Magi was supposed to stand under the boss which is fixed in the vaulting 143 feet above.

5 La voûte gothique de la cathédrale

La croisée de la grande nef, du chœur et du transept est couverte d'une élégante voûte d'arêtes croisées. Ce délicat réseau d'arêtes fait reposer le poids de l'imposante voûte sur les piliers – donnant une impression de légèreté, comme si le gigantesque édifice était recouvert d'une tente. C'est là précisément, dans la croisée de transept, centre de la cathédrale, là où se tient le visiteur, au-dessous de la clef de voûte située à 43,5 mètres de hauteur, qu'il avait été initialement prévu de dresser le reliquaire doré contenant les ossements des Trois Rois.

5 La volta gotica

Il quadrato nel quale si fondono corpo, transetto e coro viene sormontato da una volta elegante formata da nervature a croce. La volta enorme tramanda il peso sui piedritti e costoloni, che li passa sui fasci eleganti dei pilastri che fa sembrare la grande mole della fabbrica librante come un tendone. Esattamente nel punto della chiave di volta del quadrato situata in altitudine di 43,5 metri nel centro del Duomo, doveva secondo il disegno originario venir collocato lo scrigno aureo con le spoglie dei Tre Re Magi.

6 Stefan Lochners Dombild

In der Marienkapelle, an der Südseite des Hochchores, steht ein weiterer Schatz des Domes: der Altar der Stadtpatrone. Das Tryptichon ist das Hauptwerk der Kölner Malerschule und Stefan Lochners, des einzigen Meisters dieser Schule, der namentlich bekannt ist. Lochner malt das dreiflügelige Altarbild um 1445 für die Ratskapelle St. Maria in Sion. Jede Ratssitzung wurde mit einem Gebet vor diesem Madonnenbild begonnen. Erst 1809 kam es in den Dom. Es zeigt vor prachtvollem, den Himmel andeutenden Goldgrund, die Anbetung der Heiligen Drei Könige, der Patrone der Stadt. Auf dem rechten Flügel des Altarbildes schließt sich ein anderer Stadtpatron, der Heilige Gereon mit seiner Schar römischer Soldaten, die hier in Köln den Märtyrertod starben, der Huldigung an – ebenso wie die Heilige Ursula mit der Schar ihrer Jungfrauen auf dem linken Flügel. Kaum ein anderes in Köln entstandenes Kunstwerk ist so sehr in Geschichte und Gegenwart mit der Stadt verbunden und zu ihrem Wahrzeichen geworden. Wenn nicht zufällig Albrecht Dürer in einer Tagebuchnotiz auf Stefan Lochner als Schöpfer dieses Werks hingewiesen hätte, wußten die Kölner wohl heute nicht, wem sie diese Attraktion verdanken.

6 Painting by Stefan Lochner in the Cathedral

A further treasure of the Cathedral stands in the chapel of St Mary on the south side of the choir: the altar of the patron saints of the city. The triptych is the main work of the Cologne School of Painting and of Stefan Lochner, the only master of this school whose name is known to us. Lochner painted the winged altarpiece in 1445 for the council chapel, St Mary in Sion. Each meeting of the council began with a prayer in front of this picture of the madonna. It was first placed in the cathedral in 1809. On a magnificent gold background suggestive of the sky, it shows the adoration of the Magi, the patron saints of the city. On the right wing of the altar-painting another patron saint of the city, Saint Gereon with his band of Roman soldiers who suffered martyrdom here in Cologne, joins the obeisance – likewise Saint Ursula with her band of virgins on the left wing. There is hardly another work of art created in Cologne so closely bound to the city, both historically and in the present day, that is has become a symbol. If Albrecht Dürer had not by chance referred to Stefan Lochner in his diary as the creator of this work, no-one in Cologne would know even now whom they have to thank for this attraction.

6 Le tryptique de Stefan Lochner

La chapelle Sainte-Marie, dans la partie sud du chœur principal, abrite un autre trésor : l'autel aux saints patrons de la ville. Le tryptique est l'œuvre majeure de l'Ecole de Cologne et de Stefan Lochner, seul maître de cette école dont le nom soit connu. Lochner a peint ce retable à trois volets vers 1445, pour la chapelle de l'Hôtel de Ville Sainte-Marie-de-Sion. Chaque réunion du Conseil commençait par une prière à cette Madone qui fut transférée dans la cathédrale en 1809. La Madone, sur un somptueux fond doré figurant les Cieux, reçoit l'Adoration des Rois, les saints patrons de la ville. Sur le volet droit, autre patron de la ville, saint Géréon et ses légionnaires romains qui subirent le martyre à Cologne, de même que sainte Ursule et ses compagnes figurées sur le volet gauche. De toutes les œuvres d'art créées à Cologne, il n'en est guère qui soit plus intimement liée à l'histoire et au présent de la ville. Mais si Albrecht Dürer n'avait pas noté dans son journal le nom de Stefan Lochner comme étant le créateur de cette œuvre, il serait sans doute resté inconnu.

6 Il trittico di Stefan Lochner

Nella cappella a Sua Signora al lato meridionale del coro troviamo un'ulteriore capolavoro del Duomo: l'altare dei patroni della città. Il trittico è il capolavoro della scuola pittorica di Colonia, di cui si conosce il nome soltanto di un unico maestro: Stefan Lochner. Dipinse la pala d'altare tripartita verso il 1445 per la cappella del municipio dedicata a S. Maria in Sion. Ogni convegno municipale fu iniziato con una preghiera davanti all'effigie della Madonna. Soltanto nel 1809 viene trasferita nel Duomo. Sulla sfondo dorato che fa da cielo, l'ammirazione dei Tre Re Magi, i patroni della città. Sulla pala destra del trittico vediamo un altro patrono, San Gereon con la truppa di militi romani, che subirono qui a Colonia il martirio, mentre sulla pala sinistra la Santa Orsola con un gruppo di vergini si presenta in adorazione. Nessun altra opera d'arte è talmente legata alle vicende della città, con la sua storia e con il presente – quasi è divenuta un simbolo. Se Albrecht Dürer per caso non si sarebbe fatta un notizia nel suo diario menzionando come autore dell'opera Stefan Lochner, fino ad oggi i cittadini non saprebbero a chi devono quest'attrazione.

Im Jahre 1164 bringt Erzbischof Rainald von Dassel, der Kanzler Kaiser Friedrich Barbarossas, die Gebeine der Heiligen Drei Könige aus dem besiegten Mailand nach Köln. So wird Köln schnell zu einem der bedeutendsten Wallfahrtsorte, was Macht und Reichtum der Stadt nachhaltig festigt. Nikolaus von Verdun beginnt 1181 mit der Arbeit am Dreikönigenschrein, einem grandiosen Werk mittelalterlicher Goldschmiedekunst, das seine Schüler um 1220 vollenden. Seiner Gestalt nach symbolisiert der Schrein eine Kirche, zusammengesetzt aus drei einzelnen Schreinen. Neben den Gebeinen der Heiligen Drei Könige ruhen hier auch die der drei Heiligen Nabor, Felix und Gregor von Spoleto. Der Dreikönigenschrein ist überreich mit Stein- und Emailschmuck versehen – der wohl kostbarste Schatz des Doms zu Köln. Er ist 2,10 Meter lang, 1,10 Meter breit und 1,53 Meter hoch. Die Goldfiguren auf dem Schrein bilden eine übergreifende Bildkomposition vom Anfang, von der Erlösung und von der Vollendung der Welt. Der Besitz der Reliquien der Heiligen Drei Könige gibt in der ersten Hälfte des 13. Jahrhunderts den eigentlichen Anstoß zum Bau des gotischen Doms.

In the year 1164 archbishop Rainald von Dassel, the chancellor of the emperor Friedrich Barbarossa, brought the relics of the Magi from the conquered city of Milan to Cologne. Thus Cologne quickly became one of the most important places of pilgrimage, establishing the city's lasting power and wealth. In 1181 Nikolaus of Verdun began work on the Shrine of the Magi, a splendid example of mediaeval goldsmith's art which was completed by his pupils in 1220. In its form the shrine resembles a church, composed of three single shrines, and in addition to the relics of the Magi it is also the resting place of the three saints, Nabor, Felix and Gregor of Spoleto. The shrine of the Magi is opulently decorated with jewels and enamel and is the most costly treasure of Cologne cathedral. The gold figures on the shrine form an overlapping pictorial composition of the beginning, the salvation and the consummation of the world. The possession of the relics of the Magi was the actual incentive for the building of the Gothic cathedral in the first half of the C 13.

En l'an 1164, l'archevêque Rainald von Dassel, chancelier de l'empereur Frédéric Barberousse, rapporte à Cologne les ossements des Trois Rois enlevés à Milan après la défaite de cette ville. Et Cologne devient rapidement l'un des plus grands lieux de pèlerinage, contribution durable à la puissance et à la richesse de la ville. En 1181, Nikolaus von Verdun entreprend la réalisation du reliquaire des Trois Rois, témoignage grandiose de l'orfèvrerie médiévale que ses élèves achèveront vers 1220. Composé de trois reliquaires, outre les ossement des Trois Rois, il contient également ceux des trois saints Nabor, Félix et Grégor de Spolète. Richement orné d'une profusion de pierres précieuses et d'émaux, ce trésor, sans doute le plus précieux de la cathédrale de Cologne, mesure 2,10 mètres de longueur, 1,10 mètre de largeur et 1,53 mètre de hauteur. Les figurations plastiques en or ornant ce reliquaire évoquent les origines, la délivrance et la fin du monde. C'est la possession des reliques des Trois Rois qui a donné l'impulsion décisive, dans la première moitié du XIIIe siècle, pour la construction de la cathédrale.

Nel 1164 l'arcivescovo Rainald von Dassel, il cancelliere dell'Imperatore Friedrich Barbarossa trasferí le spoglie dei Tre Re Magi dalla Milano vinta a Colonia. Colonia in breve tempo divenne uno dei santuari piú noti che serví a rafforzare l'importanza e la ricchezza della città. Nel 1181 Nicola da Verdun inizia i lavori per lo scrigno, uno dei capolavori dell'oreficeria medievale, che verrà compiuto dai suoi scolari verso il 1200. A forma di chiesa, l'opera è composta da tre singoli scrigni. Assieme alle spoglie dei Tre Re Magi vi sono deposti anche quelli di altri tre Santi: Nabor, Felix e Gregorio di Spoleto. Incrostato generosamente con gioielli e smalto lo scrigno dei Re Magi rappresenta il tesoro piú splendido del Duomo di Colonia. E'lungo 2,10 metri, largo 1,10 ed alto 1,53 metri. Le figure auree sullo scrigno sono parte integrante del racconto descrittivo dell'inizio, della redenzione e del compimento del mondo. Il possesso delle reliquie dei Re Magi era il motivo decisivo nella prima metà del duecento per la costruzione del Duomo gotico.

8 Das südliche Domportal

Die offene Domplatte vor dem südlichen Querhaus des Doms, flankiert vom Dom-Hotel und vom neuen Römisch-Germanischen Museum, ist zu einem idealen Tummelfeld für Rollschuh- und Skatebordfahrer geworden. Sie ziehen bei jedem Wetter ihre oft halsbrecherischen Kreise, mitten durch Gruppen amerikanischer oder japanischer Touristen, die das alles aber gar nicht so schrecklich finden wie manch alter Kölner Bürger, der teils staunend, teils skeptisch zuschaut, wie die »Jugend von heute« den würdevollen Charakter des Domvorplatzes in einen bunten und oft auch lauten Zirkus umgewandelt hat. Die Türen, die Ewald Mataré nach dem Kriege schuf, sind stets fest verschlossen. Es mag dahingestellt bleiben, ob der Lärm von der Domplatte das Domkapitel dazu bewog, oder eine andere, den Kölnern liebgewordene Sitte: Um den Weg vom Hauptbahnhof in die Altstadt und zu den Geschäften der Innenstadt abzukürzen, liefen sie scharenweise durch den Dom. Am nördlichen Querhaus beim Hauptbahnhof hinein, und am südlichen wieder hinaus. Und abends, wenn man rasch zum Zug wollte, gings in ungekehrter Richtung wieder im Eilschritt durch das Gotteshaus!

8 The South Portal of the Cathedral

The open »Domplatte« in front of the south transept of the cathedral, flanked by the Dom Hotel and the new Römisch-Germanisches Museum, has become an ideal playground for roller-skaters and skate-boarders. In all winds and weathers they carry out their neck-breaking manoeuvers right through the midst of a group of American or Japanese tourists, who do not find it nearly as disconcerting as many of the older inhabitants of Cologne do. They observe with amazement or scepticism how the »youth of today« have transformed the character of the plaza in front of the cathedral into a colourful and sometimes loud circus. The doors, which were made by Ewald Mataré after the war, always remain tightly shut. It is not certain whether it was the noise from the »Domplatte« that caused the cathedral chapter to take this step or another favourite habit of the people of Cologne: in order to shorten the way from the station to the Old City and its businesses, crowds of them walked through the cathedral – in at the north transept by the station and out at the south. In the evening, in order not to miss their trains, they carried out the same procedure in the opposite direction!

8 Le portail sud de la cathédrale

La plate-forme de la cathédrale s'ouvrant au sud du transept, entre l'hôtel du Dom et le nouveau Römisch-Germanisches Museum, est devenue une terrain idéal pour les amateurs de patin à roulettes et de skate-board. Ils y décrivent leurs évolutions souvent téméraires par tous les temps, entre les groupes de touristes américains ou japonais qui ne s'en offusquent pas autant que certains habitants de Cologne d'une certaine génération qui, partagés entre l'étonnement et le blâme, voient la «jeunesse d'aujourd'hui » faire fi de la dignité de cette place devant la cathédrale transformée en cirque haut en couleurs et souvent bruyant. Créées par Ewald Mataré après la guerre, les portails sud sont immuablement fermés. Reste à savoir pourquoi ? En raison du bruit régnant sur la plate-forme ou bien à cause d'une autre habitude prise par les habitants de Cologne? Cherchant un raccourci entre la Gare Centrale et la vieille ville ou les boutiques du centre ville, beaucoup traversaient tout simplement la cathédrale, entrant par le nord du transept et ressortant par le sud. Et le soir, c'était la galopade en sens inverse!

8 Il portone meridionale del Duomo

La vasta ed estesa Domplatte davanti al transetto meridionale del Duomo, affiancato dal Hotel Duomo e dal nuovo museo Romano-Germanico diventa sempre di piú un'area dominata dai pattinatori a rotelle o dai fans dello skate-board. Non badando alle intemperie, percorrono artisticamente la loro via, attorniando i passanti aggirando gruppi di turisti americani rischiando magari anche l'osso del collo, che però non si spaventano e non brontolano. Gli abitanti di Colonia invece si meravigliano ed osservano scettici la gioventù di oggi che trasforma il solenne piazzale davanti al Duomo in una multicolore e talvolta anche rumorosa giostra. I portali furono disegnati dopo la guerra da Ewald Mataré e rimangono sempre serrati. Non si sa bene se sia stato il rumore della Domplatte, che abbia provocata la chiusura od una usanza, cara ai cittadini: per accorciare la strada dal centro storico ai negozi del centro, passarano in massa attraverso il Duomo. Al transetto settentrionale presso la stazione centrale entrarono nella Casa di Dio ed uscirono da quello meridionale. E verso sera, se c'éra premura di prendere il treno si attraversava nella direzione opposta la chiesa.

9 Der Chor des Doms

Der älteste Teil des Doms ist der Chor. Mit seinem Bau wird 1248, gleich nach der Grundsteinlegung begonnen, und er kann schon 1322 vollendet und geweiht werden. Am Langhaus und am Südturm wird noch weitergearbeitet, der Bau kommt jedoch nur schleppend voran, und 1560 werden die Arbeiten am Dom vollständig eingestellt. Erst 1842 wird unter dem Preußenkönig Friedrich Wilhelm IV. die Wiederaufnahme der Dombauarbeiten möglich. 1880 nimmt Kaiser Wilhelm I. an der feierlichen Vollendung dieses größten sakralen gotischen Bauwerks Europas teil. Der Kölner Erzbischof Paulus Kardinal Melchers jedoch darf nicht dabeisein, denn er lebt während dieser Zeit des Kirchenkampfes, des Streits des Deutschen Reiches mit der katholischen Kirche, in der Verbannung. Auch nach 1880 ist die Weiterarbeit am Dom nie zum Stillstand gekommen. Da sind die täglichen kleinen Ausbesserungen und die gewaltigen Schäden, die die Bombenangriffe im Zweiten Weltkrieg verursacht haben. Und heute ist es die Hauptaufgabe der rund siebzig Mitarbeiter der Dombauhütte unter Dombaumeister Arnold Wolff, die durch die Schadstoffanteile der Luft beschädigten Teile auszuwechseln.

9 The Choir of the Cathedral

The oldest part of the cathedral is the choir. It was begun in 1248, directly after the laying of the foundation stone, and was completed and consecrated by 1322. Work continued on the nave and the south tower, but the building progressed very slowly and in 1560 work on the cathedral came to a complete halt. Only in 1842, under the Prussian King Friedrich Wilhelm IV was it possible to resume work. In 1880 Emperor Wilhelm I took part in the ceremony celebrating the completion of the largest sacred Gothic building in Europe. The Archbishop of Cologne, Paulus Cardinal Melchers, was not allowed to be present since he was living in exile during this time of church dispute, the struggle of the German Empire with the Catholic church. Even after 1880 the work on the cathedral did not stop – the daily repairs and the enormous damage caused by bombing during the Second World War. Today the task of the seventy or so stonemasons under their director Arnold Wolff is to repair the damage due to pollution in the atmosphere.

9 Le chœur de la cathédrale

La partie la plus ancienne de la cathédrale en est le chœur. Commencé en 1248, il fut achevé et consacré en 1322. La construction de la nef et de la tour sud est alors entreprise, mais les travaux n'avancent guère et sont totalement interrompus en 1560. C'est en 1842 seulement, sous le roi de Prusse Frédéric Guillaume IV, que les travaux reprennent. En 1880, l'empereur Guillaume Ier assiste à la pose de la dernière pierre de cet édifice, le plus grand édifice religieux de style gothique en Europe. Mais en cette période marquée par la lutte avec l'église catholique, l'archevêque de Cologne, le cardinal Melchers, exilé, n'assiste pas à la cérémonie. Après 1880, la cathédrale restera pourtant un chantier perpétuel. Il faudra y procéder à des réparations quotidiennes, puis remédier aux sévères dommages subis dans les bombardements de la Seconde Guerre mondiale, et aujourd'hui, remplacer les pierres rongées par la pollution de l'air, l'essentiel du travail de l'architecte Arnold Wolff, directeur des chantiers de la cathédrale, qui occupe environ soixante-dix collaborateurs.

9 Il coro del Duomo

Il coro è la parte piú antica del Duomo. Fu iniziato subito dopo la posa della prima pietra nel 1248 e fu compiuto e consacrato nel 1322. La navata longitudinale e la torre meridionale erano ancora in costruzione, però i progressi furono appena percepibili e nel 1560 i lavori del Duomo interrotti del tutto. Soltanto nel tardo 1842 i lavori vennero ripresi sotto il re Friedrich Wilhelm IV di Prussia. Nel 1880 l'imperatore Wilhelm I prende parte a festeggiamenti solenni per la fine della costruzione di questa sacra gotica fabbrica piú grande d'Europa. L'arcivescovo di Colonia, cardinale Paulus Melchers, esiliato, non poté parteciparvi a causa di differenze religiose fra l'Impero Germanico e la Chiesa Cattolica. Anche dopo l'anno 1880 i lavori al Duomo proseguirono. La fabbrica del Duomo provvede ai continui restauri e particolarmente dopo la guerra alle riparazioni dei danni ingenti, causati dai bombardamenti. Oggi il lavoro maggiore dei circa 70 collaboratori della Fabbrica del Duomo con il Maestro Arnold Wolff consiste nel conservare e riparare le parti rovinate dallo smog e le intemperie.

10 Das moderne Museum vor dem Dom

Die Stadt, die ihre Wurzeln in der Römerzeit und im Mittelalter hat, richtet ihren Blick auf das 21. Jahrhundert: Kontinuität und Aufbruch, Tradition und Zukunftswille, Reife und jugendliche Frische vereinen sich. Der neue Museumskomplex Wallraf-Richartz-Museum und Museum Ludwig mit der Philharmonie ordnet sich dem Dom unter und trägt doch sein eigenes, selbstbewußtes Gesicht. Hier, im Zentrum, schlägt das Herz der Stadt in vielen Epochen.

10 The Modern Museum in front of the Cathedral

The city, which has its roots in Roman times and the Middle Ages, is looking towards the C21: continuity and fresh starts, tradition and plans for the future, maturity and youthful vigour are united. The new museum complex of Wallraf-Richartz-Museum and Museum Ludwig with the Philharmonie takes second place to the cathedral but still has its own proud appearance. Here in the centre, the city's heart beats in many epochs.

10 Le musée moderne devant la cathédrale

Bien que plongeant ses racines dans l'époque romaine et le Moyen-Age, cette ville est résolument tournée vers le XXIe siècle, associant continuité et renouveau, tradition et volonté de regarder en avant, maturité et fraîcheur juvénile. Bien que dominé par la cathédrale, le nouvel ensemble de musées réunissant le Wallraf-Richartz-Museum et le Museum Ludwig avec la Philharmonie affiche cependant un caractère et une assurance qui lui sont bien propres. Ici, dans le centre, le cœur de la ville bat au diapason de plusieurs époques.

10 Il museo moderno davanti al Duomo

La città che ha le sue origini nell'epoca romana e nel medioevo ormai è protesa verso il ventunesimo secolo: continuità ed innovazione, tradizione ed avanguardia, saggezza e giovinezza qui si fondono. Il nuovo complesso dei musei Wallraf-Richartz con il museo Ludwig assieme all'edificio della Filarmonia si congiungono al Duomo e donano al rione il suo volto inconfondibile. Qui, nel centro, batte il cuore della città ormai da secoli.

11 Der Petersbrunnen

11 The Peter's Fountain

11 La fontaine de Pierre

11 La fontana Petersbrunnen

Der Petersbrunnen an der Nordseite des Domchores stammt aus dem Jahre 1866 und ist einer der vielen Plätze zum Treffen und Plaudern. Hierin hat Köln viel römisches Flair: seine Brunnen laden mitten im Gewühl und im Lärm der Großstadt zum Verweilen, zum Lauschen ein. Sie sind keineswegs alle künstlerisch besonders wertvoll, und viele plätschern in oft stillen Eckchen und Winkeln der Stadt. Andere, wie der Jan-von-Werth-Brunnen oder der Opernbrunnen, prägen Plätze. Manche werden glatt übersehen, wie die schlichte Kostbarkeit des Taubenbrunnens am Rande der Domplatte: Er wurde 1953 von Ewald Mataré entworfen, der nach dem Kriege auch die neuen, eindrucksvollen Türen für das südliche Querhaus des Doms schuf.

The Peter's fountain to the north of the choir of the cathedral dates from the year 1866 and is one of the many places to meet and chat. In this respect Cologne has much of Rome's flair: in the midst of the hustle and bustle of the big city, its fountains invite one to stop and listen. They are in no way artistically valuable and many merely bubble in quiet corners of the city. Others, like the Jan-von-Werth fountain or the Opera fountain, make a real impression. Many are simply overlooked, like the charmingly unpretentious Dove fountain at the edge of the »Domplatte«. It was designed in 1953 by Ewald Mataré, who also created the new striking doors for the south transept of the cathedral after the war.

Datant de 1866, la fontaine de Pierre, au nord de l'abside de la cathédrale, est l'un de ces nombreux endroits où l'on aime à se rencontrer et reste à bavarder. Sous cet aspect, la ville de Cologne est très «romaine». Au milieu de la cohue et du bruit de la grande ville, ses fontaines invitent à s'arrêter et à tendre l'oreille. Elles sont loin de toutes posséder une valeur artistique particulière et bon nombre murmurent dans des endroits écartés et recoins souvent isolés. Tandis que quelques-unes, ainsi la fontaine Jan-von-Werth ou la fontaine de l'Opéra, sont l'ornement principal de certaines places, d'autres restent tout à fait ignorées, ainsi la fontaine aux Pigeons, d'un merveilleux dépouillement, au bord de la plate-forme de la cathédrale. C'est l'œuvre de Ewald Mataré, 1953, qui, après la guerre, a réalisé les nouveaux et impressionnants portails sud du transept de la cathédrale.

La fontana di S. Pietro nella parte settentrionale del coro del Duomo fu creata nel 1866 su di una piazza che oggi è un ritrovo ben accettato dai cittadini. Colonia in questo senso ha molto in comune con Roma: le sue fontane invitano a soffermarsi, ad ascoltare il mormorio delle acque mentre il traffico passa chiassosamente. La maggior parte è di scarso interesse artistico e molti si trovano quasi nascosti negli angoli e in tortuosi vicoli poco frequentati della città. Altri invece, come il Jan-von-Wert-Brunnen o la fontana dell'Opera fanno da fulcro della piazza. Di taluni quasi non si registra la loro esistenza, come della fontana dei colombi alla periferia della Domplatte: Questo piccolo capolavoro fu modellato nel 1953 da Ewald Mataré, l'artista che dopo la guerra concepí anche gli imposanti portali per il transetto meridionale del Duomo.

12 Auf der Domplatte

Umstritten wie so manche Neuerung im eher konservativen Köln, wurde sie aber inzwischen von den Bürgern angenommen: die Domplatte. Diese eher nüchterne Stahlbetonkonstruktion entstand in den Jahren 1968 bis 1974 und rückte den Dom sozusagen auf den Präsentierteller. Im Mittelalter und noch bis zu den verheerenden Zerstörungen des Zweiten Weltkriegs hatte die Kathedrale fast Berührungskontakt mit den umgebenden Häusern, nun deutet die freie Fläche Distanz, Erhabenheit an. Für diese nüchterne Lösung sehen sich die Kölner längst entschädigt: Der Dom und die ihn umgebenden Museen bilden nun eine Art Kulturinsel und man kann ungestört hin- und herschlendern, denn die Platte ist, wie das weitere Umfeld des Doms, Teil der beispielhaften Kölner Fußgängerzone. Und dann das quirlende Leben auf der Domplatte, die eine Art offene Bühne geworden ist: für Musikanten aus den Anden oder aus dem Himalaja, Pflastermaler aus Paris oder aus einem der Kölner Vororte, Laienprediger, Gaukler, ganze Straßenfeste und Konzerte. Die Domplatte ist ein Stück junges, lebendiges, offenes Köln, nirgends in der Stadt treffen sich so viele Klänge, Farben und Mentalitäten.

12 On the »Domplatte«

Once a cause for dispute, like so many innovations in the rather more conservative city of Cologne, it has since been accepted by the citizens: the »Domplatte«. This somewhat cool construction of reinforced concrete was built between 1968 and 1974 and put the cathedral on a platter so to speak. In the Middle Ages and up to the devastation of the Second World War, the cathedral had almost touched the surrounding houses; now the open space suggests aloofness and grandeur. The citizens of Cologne have long since been rewarded for this matter-of-fact solution: the cathedral and the nearby museums now form a sort of cultural island and one can wander to and fro without being disturbed, since, like the wider environs of the cathedral, the »Domplatte« is part of Cologne's exemplary pedestrian area. It is full of whirling life and has become a type of open stage: for musicians from the Andes or the Himalayas, pavement artists from Paris or from a Cologne suburb, lay-preachers, jugglers, whole street festivals and concerts. The »Domplatte« is a piece of young, lively, open Cologne; nowhere else in the city do so many sounds, colours and temperaments meet.

12 Sur la plate-forme de la cathédrale

Contestée par certains, elle a pourtant fini par être acceptée par des citoyens assez conservateurs. Plutôt sobre et présentant la cathédrale comme sur un plateau, cette construction en béton armé a été réalisée dans les années 1968 à 1974. Au Moyen-Age et jusqu'aux terribles destructions de la Seconde Guerre mondiale, la cathédrale se dressait au milieu des maisons tandis que, maintenant, cet espace libre marque une distance, souligne la majesté de l'édifice. Compensation au dépouillement regretté par certains, la cathédrale et les musées avoisinants forment maintenant une sorte d'îlot de la culture que l'on peut parcourir en toute tranquillité car cette plate-forme, tout comme les environs de la cathédrale, est intégrée à la zone piétonne, réalisation exemplaire. La plate-forme de la cathédrale est devenue une sorte de scène de plein air accueillant musiciens des Andes ou de l'Himalaya, peintres des trottoirs de Paris ou de l'une des banlieues de Cologne, prédicateurs, jongleurs, et même de véritables fêtes et concerts. C'est un coin de Cologne jeune, vivant, ouvert, où se mêlent sons, couleurs et gens de tous horizons comme nulle part ailleurs.

12 Sulla »Domplatte«

Era come sempre nella Colonia conservatrice, diffidenza verso una innovazione, che però nel frattempo viene accettata dai cittadini: la piattaforma del Duomo. Questa costruzione in cemento armato fu eseguita negli anni 1968 al 1974 e ne ripropose, per cosí dire, il Duomo nuovamente come centro cittadino. Nel medioevo ed ancora dopo le catastrofiche distruzione della Seconda Guerra Mondiale la cattedrale era in stretto contatto con gli edifici adiacenti – ora però l'area libera significava distanza, solennità. Questa soluzione piuttosto sobria per i cittadini ha trovato l'equivalente: Il Duomo ed i musei vicini si possono ora visitare comodamente, facendo parte la piattaforma della zona pedonale esemplare di Colonia. Inoltre nello spiazzo della Domplatte si manifesta una tale spontanea esuberanza e vitalità – quest'isola di cultura ormai si presenta come un palcoscenico per tutti cittadini. Musicisti da ogni angolo della terra, dal Himalaya o dalle Ande, pittori del lastricato da Parigi o da uno dei sobborghi locali, predicatori, giocolieri ed altri qui si danno ritrovo per feste cittadine o concerti; la piattaforma si è sviluppata ad un centro della Colonia moderna, giovane, ritrovo di una vita moderna, gaia e liberale.

13 Das römische Nordtor

An vielen Stellen der Stadt wird sichtbar, daß Kölns Ursprünge in die Römerzeit zurückgehen. Vor der Westfassade des Doms steht auf der Domplatte einer der beiden Seitenbögen des einstigen römischen Nordtores aus dem 1. Jahrhundert. Es ist ein beliebter Platz für Pantomimen und Gaukler, die dem buntgemischten Publikum auf der Domplatte hier von erhöhter Stelle ihre Künste zeigen. Die römische Stadtmauer, die Köln quadratisch umschloß, war knapp vier Kilometer lang und mit Toren und Türmen befestigt. Nur wenige Schritte von hier wurden in der Komödienstraße, kurz vor der Kreuzung mit der Nord-Süd-Fahrt, weitere Überreste der römischen Stadtmauer freigelegt.

13 The Roman North Gate

In many parts of the city there are signs of Cologne's Roman origins. In front of the west façade of the cathedral on the »Domplatte« stands one of the two side arches of the former Roman north gate from the C1. It is a favourite spot for pantomimes and jugglers, who can present their arts to a mixed audience from a raised position. The Roman city walls, which formed a square around Cologne, were about two and a half miles long and fortified by gates and towers. Only a few steps away, in the Komödienstraße shortly before the junction with the Nord-Süd-Fahrt, further remains of the Roman city walls have been exposed.

13 Le Nordtor, porte romaine

Les origines romaines de Cologne sont visibles en de nombreux endroits de la ville. Devant la façade ouest de la cathédrale, sur la plate-forme, se dresse l'un des deux arcs latéraux de l'ancienne porte romaine nord datant du Ier siècle. C'est un endroit qu'affectionnent particulièrement les mimes et jongleurs qui y trouvent une scène surélevée pour leurs prestations devant la foule bigarrée qui se presse sur la plate-forme. L'enceinte romaine, qui entourait Cologne en carré, était longue de tout juste quatre kilomètres et dotée de tours et de portes. D'autres vestiges de cette enceinte romaine ont été dégagés, à quelques pas de là, dans la Komödienstrasse, juste avant le carrefour avec la Nord-Süd-Fahrt.

13 Il portone romano a settentrione

In molti luoghi della città si riscontrano le origini romane. Davanti alla facciata occidentale del Duomo sulla Domplatte si erige uno delle due arcate dell'antico portale cittadino settentrionale dell'epoca romana del primo secolo. La piazza stessa serve prevalentemente agli attori di pantomime e giocolieri, che contenti del pubblico si esibiscono. Le muraglie romane, che circondarono a quadrato Colonia erano lunghe circa quattro chilometri e fortificate con torrioni e portali. A qualche passo da qui furono trovati, nella Komödienstrasse, poco prima del crocicchio con la Nord-Süd-Fahrt ulteriori resti dell'epoca romana.

14 St. Mariä Himmelfahrt

Unweit von Dom und Hauptbahnhof, am Anfang der Marzellenstraße, überrascht Kölns größte Barockkirche den Besucher. Sie wurde von 1618 bis 1629 vom Jesuitenorden gebaut, und in ihr verbinden sich neben barocken auch romanisierende und gotisierende Elemente. Die Jesuiten wurden im Zuge der Gegenreformation von Ferdinand von Bayern, dem Kurfürsten von Köln, besonders gefördert, und so soll die Verschmelzung verschiedenster Bau- und Kunstelemente in St. Mariä Himmelfahrt die Universalität des katholischen Glaubens über Raum und Zeit hinweg unterstreichen. Wie so viele andere Kölner Kirchen wurde auch diese im Kriege fast ganz zerstört, ist inzwischen aber wieder prachtvoll aufgebaut. Sie ist heute die Pfarrkirche der italienischen Gemeinde Kölns. Am Samstagmorgen hier eine Trauung mitzuerleben, ist auch ein Stück Kölner Alltag – herzlich, fröhlich, südländisch.

14 The Church of St Mary's Assumption

Not far from the cathedral and the main railway station at the beginning of Marzellenstraße Cologne's largest Baroque church unexpectedly confronts the visitor. It was built from 1618 to 1629 by the Jesuit order, and in addition to its Baroque style it also contains Romanesque and Gothic elements. During the course of the Counter-reformation Ferdinand of Bavaria, the elector of Cologne, gave particular support to the Jesuits, and the fusion of the various architectural and artistic elements was supposed to emphasize the universality of the Catholic belief beyond time and space. Like so many of Cologne's other churches, it was almost completely destroyed during the war, but has since been splendidly rebuilt. Today it is the parish church of the Italian community in Cologne. Experiencing a wedding here on a Saturday morning is also part of everyday Cologne – warmhearted, merry and Mediterranean.

14 L'église Sainte-Marie-de-l'Assomption

Cette église, la plus grande en style baroque à Cologne, se dresse, étonnante, non loin de la cathédrale et de la Gare Centrale, au début de la Marzellenstrasse. Construite de 1618 à 1629 par les Jésuites, elle associe éléments baroques, romans et gothiques. Dans le contexte de la Contre-Réforme, les Jésuites furent particulièrement encouragés par Ferdinand de Bavière, prince électeur de Cologne et le mélange intime des éléments architecturaux et artistiques les plus divers réalisé dans l'église Sainte-Marie-de-l'Assomption est destiné à souligner le caractère universel de la foi catholique dans l'espace et dans le temps. Comme tant d'autres églises de Cologne, presque entièrement détruite pendant la guerre, elle a été reconstruite à grands frais. Aujourd'hui, c'est l'église paroissiale de la communauté italienne de Cologne. Le samedi matin, assister ici à un mariage, c'est goûter une ambiance quotidienne à Cologne – chaleureuse, gaie, méridionale.

14 Chiesa St. Maria Himmelfahrt

Non lontano dal Duomo e dalla Stazione Centrale, all'inizio della via Marzellenstrasse si innalza davanti al visitatore la piú grande chiesa barocca di Colonia, Santa Maria Assunta. Fu fatta costruire dall'ordine dei Gesuiti dal 1618 al 1629 e riunisce elementi stilistici sia romani, che gotici. I gesuiti durante la controriforma furono appoggiati dal Principe Elettore di Colonia, Ferdinand von Bayern e il fondersi di stili architettonici ed artistici differenti visibili nella fabbrica di St. Maria Himmelfahrt, doveva anche simboleggiare l'universalità della fede cattolica indipendentemente da tempo e luogo. Come tante altre chiese di Colonia anche questa fu gravemente danneggiata dalla guerra, nel frattempo però ricostruita ad antico splendore. Oggi funge da Parrocchiale della comunità italiana di Colonia. Una ceremonia matrimoniale allegra e mediterraneamente rumorosa e multicolore – anche questo fa parte della gaia vita di questa città.

15 Der Hauptbahnhof

Der Kölner Hauptbahnhof zu Füßen des Doms ist heute der meistfrequentierte Bahnhof in Deutschland. Und seine Bedeutung steigt: schon in wenigen Jahren wird Köln an die Trasse der internationalen Hochgeschwindigkeitszüge angeschlossen sein, und mit dem französischen TGV oder dem deutschen ICE ist man in kürzester Zeit von der Domstadt in Brüssel, Amsterdam, Paris oder – durch den Kanaltunnel – in London. Köln ist schon seit den Tagen der römischen Stadtgründer eine Art Verkehrskreuz des Westens, in dem sich die wichtigen Nord-Süd- und West-Ost-Verbindungen treffen. Die überglaste Bahnsteighalle wölbt sich seit 1884 über den Geleisen, ein großartiges Zeugnis industrieller Architektur der Gründerzeit. Heute würde man gewiß einen Hauptbahnhof nicht mehr ins unmittelbare Herz einer Stadt führen, doch zu Zeiten des Preußenkönigs Friedrich-Wilhelm IV. war das noch anders. Er ordnete an, daß der Hauptbahnhof in unmittelbarer Nachbarschaft zum Dom zu entstehen habe. Im »Alten Wartesaal« unter den Bahnhofsgeleisen treffen sich Künstler, Galeristen, Intellektuelle und die vielen anderen, die so ein Restaurant »genießen« wollen.

15 The Main Railway Station

Cologne's main railway station, at the foot of the cathedral, is today the most frequented station in Germany. Its importance grows continually: in a few years' time Cologne will be connected to the international high-speed network and then, in the shortest time with the French TGV or the German ICE, one will reach Brussels, Amsterdam, Paris or – through the channel tunnel – London. Since the days of its Roman founders, Cologne has been a traffic junction of the west in which the important north-south and east-west connexions cross. The glass roof of the station has arched over the tracks since 1884, a magnificent example of the architecture of the late industrial era. Today one would never place a railway station right in the heart of a city, but in the days of the Prussian king, Friedrich-Wilhelm IV, it was different. He ordered that the main station should be in the immediate vicinity of the cathedral. The »Old Waiting-Room« under the tracks is the meeting place of artists, gallery owners, intellectuals and many others who like to »enjoy« such a restaurant.

15 La Gare Centrale

La Gare Centrale de Cologne, au pied de la cathédrale, est la gare la plus fréquentée d'Allemagne. Et son importance augmente toujours. Dans quelques années, la gare de Cologne sera raccordée au réseau international de trains à grande vitesse et, que ce soit à bord du TGV français ou de l'ICE allemand, on pourra se rendre en des temps très courts à Bruxelles, Amsterdam, Paris ou – par la tunnel sous la Manche – à Londres. Depuis sa fondation par les Romains, Cologne est l'un des grands carrefours de l'Occident où se croisent les grandes voies nord-sud et est-ouest. Admirable témoin de l'architecture industrielle du siècle dernier, le grand hall vitré cambre sa voûte au-dessus des quais et des voies depuis 1884. De nos jours, certes, on ne construirait plus une gare centrale en plein centre d'une ville, mais à l'époque du roi de Prusse Frédéric Guillaume IV, il en allait tout autrement. C'est lui qui a ordonné que la Gare Centrale soit élevée juste à côté de la cathédrale. La «Vieille Salle d'Attente», sous les voies, est devenue le lieu de rendez-vous des artistes, des directeurs de galeries, des intellectuels et de bien d'autres, tous attirés par l'ambiance de ce restaurant.

15 La stazione centrale

La stazione centrale di Colonia ai piedi del Duomo è la stazione piú frequentata della Germania. E la sua importanza è in aumento: fra pochi anni sarà collegata con la linea dei treni ad alta velocità TGV ed ICE, coi quali entro breve tempo si può raggiungere dalla città del Duomo Bruxelles, Amsterdam o Parigi o, attraverso il tunnel della Manica anche Londra. Già dai tempi dei romani Colonia è stata un incrocio importante del traffico sia in direzione est-ovest od anche nord-sud. La hall della stazione, una costruzione in ferro e vetro che dal 1884 si estende a volta sopra i binari, è un esempio grandioso dell'architettura industriale dell'epoca della Gründerzeit. Oggigiorno non si costruirebbe piú la stazione cosí al centro della città ma all'epoca del re di Prussia, Friedrich Wilhelm IV tutto era diverso. Egli ordinò di piazzare la stazione centrale nell'immediata vicinanza del Duomo. L'antica »Sala d'aspetto« sotto i binari oggi serve da ritrovo per artisti, galeristi, intelettuali e tanti altri che vogliono godersi l'atmosfera di un ristorante molto particolare.

16 Das Römisch-Germanische
Museum

Mitten im Kriege, beim Bau eines Luftschutzbunkers, wurde vor der Südseite des Doms ein herrliches römisches Mosaik entdeckt, und nach den Motiven seiner Bilder Dionysosmosaik benannt. Als dann später ein Standort für den neuen Bau des Römisch-Germanischen Museums zu bestimmen war, ergab sich dieser fast wie von selbst: 1974 wurde der Neubau an der Südseite des Doms, über dem Dionysos-Mosaik eröffnet. Das Mosaik und das von Amateurarchäologen an der Severinstraße ausgegrabene Poblicius-Grabmal mit seiner Höhe von fast 15 Metern ziehen schon von außen die Blicke auf sich: man kann durch große Glasscheiben in das Museum hineinblicken. Es birgt eine Fülle an Funden aus den ersten Jahrhunderten der Kölner Geschichte. Die Sammlungen des Museums enthalten besonders eindrucksvolle Gebrauchsgegenstände des Alltags, Schmuck, Töpferei und auch Glaswaren, denn Köln war zur Römerzeit ein wichtiges Zentrum der Glasherstellung. Freilich haben nicht nur die bedeutenden Exponate, sondern auch der schlichte, überall offene und weite Museumsbau selbst internationale Anerkennung gefunden.

16 The Römisch-Germanisches
Museum

In the middle of the war, when an air-raid shelter was being built in front of the south side of the cathedral, a magnificent Roman mosaic was unearthed and named the Dionysus mosaic after the motifs of its pictures. When a site for the new Römisch-Germanisches Museum was being sought at a later date, the solution seemed obvious: in 1974 the building on the south side of the cathedral over the Dionysus mosaic was opened. The mosaic and the Poblicius monument, almost 50 feet tall, which was excavated by an amateur archaeologist in the Severinstraße, already draw one's attention from the outside: the large panes of glass enable one to see into the interior of the museum. It houses a quantity of findings from the first centuries of Cologne's history. The collections of the museum contain particularly impressive everyday utensils, jewelry, pottery and also glass, since Cologne was an important centre of glass-making in Roman times. Admittedly, not only the noteworthy exhibits but also the simple, open and expansive building itself have found international recognition.

16 Le Musée Romain-
Germanique

Pendant la guerre, lors de la construction d'un abri, on a mis à jour, au pied du côté sud de la cathédrale, une admirable mosaïque romaine, baptisée mosaïque de Dionysos en raison de son motif. Plus tard, lorsqu'il s'agit de construire un nouvel édifice pour le Musée Romain-Germanique, l'emplacement s'imposa pour ainsi dire de lui-même. Construit au-dessus de la mosaïque de Dionysos, le nouveau musée fut inauguré en 1974. De grandes surfaces vitrées permettant de voir à l'intérieur de l'édifice, cette mosaïque, ainsi que le tombeau de Poblicius, près de 15 mètres de hauteur, mis à jour par des archéologues amateurs dans la Severinstrasse, sont visibles de l'extérieur de ce musée qui abrite de riches collections d'objets témoignant des premiers siècles de l'histoire de Cologne. Ces collections comprennent des objets d'utilisation quotidienne, bijoux, poteries et objets en verre particulièrement intéressants car, à l'époque romaine, Cologne était un important centre de production de verre. Partout ouvert et vaste, l'édifice présente également un grand intérêt en raison des solutions architecturales mises en œuvre.

16 Museo Romano-Germanico

Negli anni di guerra durante la costruzione di un rifugio antiaereo davanti al lato meridionale del Duomo fu trovato uno splendido mosaico romano, nominato dal soggetto riprodotto »Mosaico di Dionigi«. Quando piu tardi, nell'anno 1974 si cercò un luogo adatto per la costruzione del museo Romano-Germanico era di prammatica costruirlo a meridione del Duomo sopra il mosaico. Il Mosaico e il monumento funebre di Poblicius, sotterrato da archeologici dilettanti del rione nelle – vicinanza della Severinstrasse, ha un'altezza di quasi 15 metri, e già dall'esterno attira gli sguardi. Attraverso grandi vetrate si può guardare all'interno del museo. Tanti reperti dei primi secoli della storia cittadina di Colonia sono esposti. Le collezioni del museo comportano oggetti dell'uso quotidiano, gioielli, ceramiche ed anche vetri, giacchè Colonia ai tempi dei romani era un centro importante della fabbricazione del vetro. Oltre l'ammirazione per gli oggetti e le opere d'arte, anche il disegno architettonico dell'estesa costruzione del museo, accessibile da ogni lato con tutt'attorno grandi vetrate, gode il favore della critica internazionale.

17 Das Wallraf-Richartz-Museum und Museum Ludwig

1986 wurde das neue Wallraf-Richartz-Museum / Museum Ludwig eröffnet. Die Kunststadt Köln hat seitdem ein in jeder Hinsicht außergewöhnliches Doppelmuseum für ihre Schätze, und schon nach drei Jahren hatten mehr als eine Million Menschen den Komplex besucht. Ferdinand Franz Wallraf und Heinrich Richartz entsprachen dem Typus des rheinischen Mäzens. Der eine trug in den Jahren der französischen Revolutionsherrschaft, als Klöster und Kirchen säkularisiert und ihre Schätze auf die Märkte Europas verstreut wurden, eine bedeutende Sammlung zusammen. Der andere stiftete 1861 das Geld für ein Museum, das seitdem beider Namen trägt. Aus dem Nachkriegsneubau zog es 1986 in den neuen Komplex zwischen Dom und Rhein um. Seine bedeutenden Sammlungen mittelalterlicher Kunst sowie der Malerei des 17. bis 19. Jahrhunderts sind nun unter demselben Dach vereint mit dem, was der Aachener Fabrikant, Mäzen und Sammler Peter Ludwig an moderner, vorwiegend nordamerikanischer Kunst zusammengetragen und Köln als Schenkung vermacht hat. Von ihm gingen wichtige Impulse für diesen Museumsbau aus, und wie umstritten es auch in den Jahren der Planung und des Baus gewesen sein mag – heute ist das Doppelmuseum eines der bedeutendsten der Welt.

17 The Wallraf-Richartz-Museum and Museum Ludwig

In 1986 the new Wallraf-Richartz-Museum / Museum Ludwig was opened. Since then Cologne, the city of art, has in every sense an unusual double museum for its treasures, and already within three years more than a million people have visited the complex. Ferdinand Franz Wallraf and Heinrich Richartz were typical Rhenish patrons. The one assembled an important collection during the years of French revolutionary rule, when monasteries and churches were secularized and their treasures scattered on the European markets. The other donated money in 1861 for a museum which since then has born both names. In 1986 it was moved from its new post-war building into the new complex between the cathedral and the Rhine. Its important collection of mediaeval art and paintings of the C17–C19 are now combined under the same roof with the collection of modern, primarily North American art which the industrialist, patron and collector Peter Ludwig of Aachen had assembled and presented to Cologne. He was the instigator of this new museum building and, although there was a great deal of dispute during the years of planning and building, today the double museum is one of the most important in the world.

17 Le Wallraf-Richartz-Museum et Museum Ludwig

Inauguré en 1986, ce nouvel édifice a enrichi Cologne, ville des arts, d'un remarquable double musée, l'un des plus grands du monde qui, bien que contesté pendant sa construction, avait accueilli plus d'un million de visiteurs trois ans après son ouverture. Ferdinand Franz Wallraf et Heinrich Richartz sont l'exemple même du mécène rhénan. Le premier avait réuni d'importantes collections pendants les années d'occupation par les armées de la Révolution, lorsque les trésors des monastères et des églises furent sécularisés et dispersés dans toute l'Europe. Le second fit don de fonds, en 1861, pour la construction de ce musée qui porte maintenant le nom des deux hommes. En 1986, les collections du musée ont quitté l'édifice construit après la guerre pour emménager dans ce nouvel ensemble situé entre la cathédrale et le Rhin. Ses importantes collections d'objets d'art médiéval et de peintures des XVIIᵉ – XIXᵉ siècles sont maintenant réunies sous un même toit avec les collections d'art, surtout nord-américain, réunies et léguées à la ville de Cologne par Peter Ludwig, industriel, mécène et collectionneur d'Aix-la-Chapelle qui a exercé une influence déterminante pour la construction du nouvel édifice.

17 I Musei Wallraf-Richartz e Museo Ludwig

Nel 1986 furono aperti il nuovo Museo Wallraf-Richartz / Museo Ludwig. La città d'arte Colonia da allora possiede un gioiello senza dubbio unico per il suo patrimonio artistico, che già dopo soli tre anni ha attirato piú di un milione di visitatori. Ferdinand Franz Wallraf e Heinrich Richartz corrispondevano al tipico mecenate della Renania. Il primo iniziò la sua collezione durante il periodo della rivoluzione francese, allorché i conventi e le chiese furono secolarizzate ed i tesori offerti sui mercati del continente. Il secondo diede i soldi per un edificio da museo, che da allora porta i due nominativi. Dall'edificio postbellico, la collezione nel 1986 fu trasferta nel nuovo complesso tra il Duomo ed il Reno. La raccolta importante di arte medievale e di pittura del sei- all'ottocento sono cosí accomunati sotto lo stesso tetto assieme alla raccolta del 20. secolo, donazione dell'imprenditore, collezionista e mecenate Peter Ludwig di Aquisgrana. Egli si interessò prevalentemente dell'arte moderna e specialmente di quella nordamericana. Da lui partivano importanti impulsi per la costruzione nuova del museo, che in fase di progettazione fu tanto contestata e criticata. Oggi invece questo museo con due famose collezioni è divenuto uno dei piú importanti del mondo.

18 Das Dekagon von St. Gereon

Das Dekagon, der zehneckige Kuppelbau von St. Gereon, steht ebenbürtig neben denen der Hagia Sophia in Istanbul und des Doms von Florenz und hat nördlich der Alpen kein Pendant. Die architektonische Symbiose zwischen Romanik in ihrer höchsten Vollendung und der klaren, geschmeidigen Kraft der gotischen Elemente wird dem Besucher von St. Gereon zu einer Erfahrung, die ihn zutiefst berührt und beruhigt. Die viergeschossige Anlage, die farbliche Ausgestaltung der Kuppel in kräftigem Rot und die von Georg Meistermann geschaffenen Glasfenster – gelungener hätte man den Geist, den Ausdruck so verschiedener Epochen nicht miteinander versöhnen können.

18 The Decagon of St Gereon

The decagon, the ten-sided cupola of St Gereon, is on a par with those of the Hagia Sophia in Istanbul and the cathedral of Florence and has no counterpart north of the Alps. The architectural symbiosis between the Romanesque in its highest perfection and the clear, flowing strength of the Gothic elements is a deeply moving and satisfying experience for the visitor to St Gereon. The four-tiered elevation, the rich red decoration of the cupola and Georg Meistermann's stained glass windows – one could not have reconciled the style and spirit of such varied epochs in a more successful way.

18 Le décagone de Saint-Géréon

Le décagone de Saint-Géréon, coupole à dix pans, ne le cède en rien à celui de la Basilique de Sainte-Sophie à Istanbul ou de la cathédrale de Florence et n'a pas sa pareille au nord des Alpes. La symbiose architectonique entre le style roman dans son expression la plus parfaite et la vigueur, tout en clarté et en légèreté, des éléments gothiques offrent au visiteur de Saint-Géréon un instant d'émotion et de sérénité profondes. L'édifice à quatre niveaux, la décoration de cette coupole au rouge intense et les vitraux de Georg Meistermann – il est difficile d'imaginer association plus heureuse de l'esprit, de l'expression d'époques aussi différentes.

18 Il Decagono di St. Gereon

L'edificio decangolare con cupola di St. Gereon non teme il confronto con l'Aghia Sofia di Istanbul o col Duomo di Firenze. La cupola non na eguali nell'architettura transalpina. La simbiosi architettonica tra romanico all'apice e le forme limpide, eleganti e concise del gotico a St. Gereon si presenta al visitatore come un'esperienza, che tocca i sentimenti, emanando una grande quiete. La costruzione in quattro ordini, la decorazione della cupola in un rosso forte e le vetrate create da Georg Meistermann, fondono in ineguagliabil modo gli stili contrastanti delle diverse epoche.

19 Pietà in St. Gereon

St. Gereon, am Rande des Banken- und Versicherungsviertels, hat als einzige der heutigen Kölner Kirchen ihren Ursprung in der Römerzeit. Daß sie von St. Helena, der Mutter Kaiser Konstantins, gegründet worden sei, ist eine Legende. In der ungeschriebenen Rangordnung im Erzbistum kam St. Gereon stets der zweite Platz zu, unmittelbar hinter dem Dom. Ende des 4. Jahrhunderts wurde hier über den Gräbern der Märtyrer der Thebäischen Legion, römischer Soldaten also, die sich unter ihrem Anführer Gereon weigerten, an Christenverfolgungen teilzunehmen, ein spätantiker Ovalraum errichtet. Im 11. Jahrhundert fügte dann Erzbischof Anno diesem Zentralbau einen Langchor mit Krypta und zwei Türmen an. Weitere Umbauten folgten, und Anfang des 13. Jahrhunderts wurde der römische Ovalbau, also der früheste Teil der Kirche, zu einer zehneckigen Anlage umgebaut und mit einem Rippengewölbe geschlossen. Daß die Kölner keine Puristen sind, beweist die erst 1897 entstandene Seitenkapelle der Vorhalle, neuromanisch-neubyzantinisch mit Mosaikschmuck versehen. Sie bildet mit der Pietà einen deutlichen Kontrast zum übrigen Erscheinungsbild der Kirche – doch das ist eben auch Köln.

19 Pietà in the Church of St Gereon

St Gereon, at the edge of the bank and insurance district, is the only church in Cologne today which has its origin in Roman times. The idea that it was founded by the emperor Constantine's mother, St Helena, is a legend. St Gereon always ranked second to the cathedral in the unwritten hierarchy of the archbishopric. At the end of the C4 a late-Classical oval room was erected over the graves of the martyrs of the Thebaic legion who had refused to take part in the persecution of the Christians. In the C11 Archbishop Anno then added a choir with crypt and two towers to this centrally planned building. Further alterations followed, and at the end of the C13 the oval Roman building, the earliest part of the church, was converted into a ten-sided construction and covered with rib-vaulting. Built a late as 1897, the neo-Romanesque, neo-Byzantine side chapel of the narthex with its mosaic proves that the people of Cologne are no purists. Together with the pietà it forms a destinct contrast to the rest of the church – but that is typically Cologne.

19 Pietà à l'intérieure de Saint-Géréon

Saint-Géréon, en bordure du quartier des banques et des compagnies d'assurance, est la seule église de Cologne existant encore dont les origines remontent à l'époque romaine. Qu'elle ait été fondée par sainte Hélène, mère de l'empereur Constantin, c'est la légende qui le veut. Mais il reste que, dans la hiérarchie coutumière de l'archevêché, Saint-Géréon venait toujours en seconde place, juste après la cathédrale. Vers la fin du IVᵉ siècle, on avait édifié une salle de plan ovale sur les tombes des martyrs de la légion Thébaine, de soldats romains donc qui, avec leur chef Géréon, avaient refusé de participer à la persécution des chrétiens. Au XIᵉ siècle, l'archevêque Anno fit ajouter à cet édifice central un chœur de plan allongé construit sur une crypte ainsi que deux tours. Après plusieurs autres transformations, la salle de plan ovale de l'époque romaine, partie la plus ancienne de l'église, fut transformée en un édifice de plan décagonal voûté d'arêtes. A Cologne, on ne recherche pas le purisme à tout prix, ce dont témoigne bien la chapelle latérale du narthex, de style néoroman – néobyzantin, décorée de mosaïques et datant de 1897 seulement. Avec la Pietà, elle contraste clairement avec le reste de l'église – mais, Cologne, c'est cela également.

19 Pietà nella chiesa St. Gereon

St. Gereon, che si trova alla periferia del quartiere delle banche e dei palazzi delle assicurazioni, è l'unica chiesa della città, originaria dell'epoca romana. Che sia stata fondata da S. Elena, la madre dell'Imperatore Costantino invece, fa parte della leggenda. Come rango tra le chiese del vescovado di St. Gereon occupò sempre il secondo posto, subito dopo il Duomo. Verso la fine del quarto secolo sopra le tombe dei martiri della legione tebaica, militi romani, che col loro ufficiale Gereon si erano rifiutati di partecipare alle persecuzione dei cristiani, fu eretto un vano ovale. Nell'1. secolo l'arcivescovo Anno fece aggiungere un edificio a navate, con coro, cripta e con due torri. Diverse modificazioni architettoniche avennero, finché agli inizi del duecento, l'ovale romano e la parte antica della chiesa furono ristrutturate in una forma a decagono con una volta con costoloni. La capella laterale di St. Gereon è la prova piú limpeda che i cittadini non siano dei puristi: neo-romanticismo, neo-byzantincgcantc con ornamenta mosive. Con la pietà formano un contrasto evidente con il resto della chiesa – anche quest'è possibile a Colonia.

20 Groß St. Martin und Dom

Viele Jahrhunderte hindurch überragte der romanische Turm von Groß St. Martin den halbfertigen gotischen Dom, ein Anblick, der auch heute noch vor dem inneren Auge vieler Kölner weiterlebt, obwohl sie ihn selbst niemals so aufgenommen haben. Der Schriftsteller und Literatur-Nobelpreisträger Heinrich Böll, ein großer Sohn der Stadt Köln, war kein Einzelfall: Er liebte den Dom nicht sonderlich, genauer gesagt, den Innenraum mochte er, aber das Äußere war ihm zu klobig, zu gewaltig und bedrückend, zu preußisch-protzig. Die romanischen Kirchen mit ihren den Menschen gemäßen Proportionen, die fest und schützend auf dem Stadtboden stehen und mehr dem Diesseits zugewandt (oder: ihm noch nicht entrückt) sind, empfinden viele Kölner eher als Ausdruck ihres Wesens. Anders als beim Dom sehen sie in diesen Kirchen die zu Stein gewordene Kraft ihrer Stadt der Bürger.

20 Great St Martin
    and the Cathedral

For many centuries the Romanesque tower of Great St Martin rose above the half-finished Gothic cathedral, a sight which remains in the inner eye of many of the inhabitants of Cologne even today, although they have never actually seen it like this. The author and Nobel prize-winner, Heinrich Böll, one of the city's most famous sons, was no exception: he did not particularly like the cathedral, or rather, he liked the interior but the outside was too massive, too immense and oppressive, too pompously Prussian for him. The Romanesque church with its moderate proportions, which stands secure and protective in the city, and is more concerned with the present world (or: has not yet withdrawn from it), is for many citizens of Cologne a more suitable expression of their character. In contrast to the cathedral, they see the strength of their people's city symbolized in the walls of this church.

20 L'église Grand-Saint-Martin
    et la cathédrale

Pendant plusieurs siècles, la tour romane de Grand-Saint-Martin a dominé le chantier de la cathédrale gothique, image qui continue de vivre dans le cœur de nombreux habitants de Cologne, même s'ils ne l'ont jamais réellement vue de leurs propres yeux. L'écrivain Heinrich Böll, enfant de la ville et lauréat du prix Nobel de Littérature, ne faisait pas exception lorsqu'il disait ne pas beaucoup aimer cette cathédrale, ou plus précisément, en apprécier l'intérieur mais trouver l'extérieur trop massif, imposant, écrasant, trop prussien. Nombreux sont les habitants de Cologne qui voient une expression mieux en harmonie avec leur naturel dans ces églises romanes, avec leurs proportions à la mesure de l'homme, solidement plantées sur le sol de la ville qu'elles protègent, plus tournées vers l'ici-bas (ou moins détournées de ce monde). Chose qu'ils ne ressentent pas pour la cathédrale, ils voient en ces églises l'œuvre de pierre née de la force de leur ville et de ses citoyens.

20 Gross St. Martin
    con il Duomo

Per molti secoli la torre romana di Gross St. Martin superò la semicompiuta fabbrica del Duomo. Un panorama, che ancor oggi è presente a molti cittadini, anche se loro stessi non l'hanno mai visto con i loro occhi. Lo scrittore e premio Nobel Heinrich Böll, un grande figlio di questa città, non era un caso eccezionale: Non amava molto il Duomo, per essere piú precisi, l'interno gli piaceva, mentre l'esterno gli era troppo monumentale, troppo pesante, troppo opprimente, insomma, troppo prussiano e pomposo. Le chiese romaniche con le loro proporzioni piú umane, che stanno stabili e protettive sul suolo della città, sono piú rivolte a questa vita (o meglio non ancora aldilà) e corrispondono perciò piú all'indole del cittadino di Colonia. In queste chiese sentono la loro forzo borghese divenuta pietra, un sentimento, che il Duomo non pu rendere.

21 Nächtliches Altstadtpanorama

Groß St. Martin, der Turm des Rathauses, die Zeile der Altstadthäuser am Rhein – Köln bietet auch in nächtlicher Illumination Motive über Motive. Hier in der Altstadt, mit ihren zahlreichen gemütlichen Kneipen, Restaurants und Cafés, ist der Tag meist erst zu Ende, wenn der nächste heraufzieht.

21 Old City Panorama at Night

Great St Martin, the tower of the Town Hall, the row of old town houses on the Rhine – at night Cologne also offers many illuminated motifs. Here in the Old City with its numerous cosy pubs, restaurants and cafés, the day mostly ends when the next one is dawning.

21 La vieille ville de nuit

Grand-Saint-Martin, la tour de l'Hôtel de Ville, le front des maisons de la vieille ville au bord du Rhin – la nuit, baignée de lumière, Cologne offre également de nombreux motifs. Ici, dans la vieille ville aux nombreux bistrots, cafés et restaurants accueillants, la journée de certains se termine souvent au lever du jour.

21 Panorama notturno della città storica

Gross St. Martin, la torre del Municipio, le facciate delle case del centro storico sul Reno – anche di notte i motivi pittoreschi a Colonia non mancano. Qui nel centro antico, con gli innumerevoli locali pieni d'atmosfera, i ristoranti ed i café la giornata in genere finisce con l'alzar del sole, annuncio del prossimo giorno.

22 Ein Lokal in der Altstadt

Wer in jeder der kölschen Kneipen einmal einen Abend lang an der Theke stehen will, sollte sich besser vorher einbürgern lassen. Er braucht dazu nämlich so an die sechs bis sieben Jahre. Die Kölsch-Kneipe an der Ecke – an nicht wenigen Ecken gibt es auch zwei oder drei – gehört zum Inventar der Stadt wie ihre Kirchen, ihre Museen, wie der Dom. Und sie bildet, mehr als andernorts, den Knoten im Netz der sozialen Kommunikation in der Stadt. Hier kann man schnell den Ärger von der Seele trinken, hier trifft man auf den Thekennachbarn, den man auch gestern und vorgestern schon sah, und manch alteingesessener Wirt ist in seinem Beruf zum vorzüglichen Psychotherapeuten geworden. Der Kölner redet gern und hört sich selbst mindestens so gerne reden wie den Nachbarn – das entspannt, gibt wieder Selbstvertrauen, und außerdem macht's Spaß.

22 A Pub in the Centre of the City

Whoever wants to stand at the bar of a Cologne pub for an evening should first become naturalized. For this he needs about six or seven years. The »Kölsch« pub on the corner – in many places there are two or three – belongs just as much to the fixtures of the city as its churches, its museums, as its cathedral, and more than anywhere else it ties the knot in the net of social communication in the city. Here one can quickly drown one's sorrows, here one can meet the man at the bar whom one saw yesterday and the day before, and many an old-established landlord has become an excellent psychologist in the pursuit of his trade. The inhabitant of Cologne likes to talk and likes to hear himself talk just as much as his neighbour does – it is relaxing and gives one self-confidence, and it is fun at the same time.

22 Un estaminet dans le centre ville

Ceux qui se donneraient pout but de passer une soirée au comptoir de chacun des estaminets de Cologne feraient mieux de s'établir à demeure dans la ville car ils en auraient pour six ou sept ans. L'estaminet du coin – il y a même des coins de rue où on en compte deux ou trois – et la «Kölsch», bière de Cologne à fermentation élevée, font partie du patrimoine de la ville au même titre que ses églises et ses musées, au même titre que sa cathédrale. Plus qu'ailleurs, l'estaminet joue dans cette ville un rôle essentiel dans le réseau de la communication sociale. On peut y déposer le fardeau de ses soucis en buvant une bière en passant, on y retrouve, accoudé au comptoir, le même voisin que la veille et l'avant-veille et plus d'un patron établi de longue date est devenu, de par le seul exercice de sa profession, un excellent psychothérapeute. Les habitants de Cologne aiment parler et ils aiment s'écouter parler au moins autant qu'ils aiment écouter leur voisin – cela vous détend, vous redonne de l'assurance et puis, cela fait bien plaisir.

22 Un locale del centro storico

Volendo passare anche soltanto una unica serata appoggiato al banco in ognuno dei locali cittadini significherebbe passare la sua vita a Colonia. Si impiegherebbe all'incirca sei o sette anni. Il locale tipico »Kölsch-Kneipe« – in parecchi rioni della città si trovano persino due o tre sullo stesso angolo – fanno parte della città come le chiese, i musei, anzi persino come il Duomo. Ed essi formano, piú che in tante altre città un punto di riferimento nella vita sociale e comunicativa. Con un sorso della birra passano le ansie del giorno, qui si trova un vicino al banco, conosciuto già ieri o l'altro ieri, e non pochi degli osti sono divenuti nella loro vita degli ottimi psicoterapeutici. Il cittadino di Colonia è ciarliero e si sente parlare tanto volentieri quanto è disposto ad ascoltare le parole del vicino – è uno svago dallo stress giornaliero, è un diversivo che dà a se stessi una certa importanza.

Das mittelalterliche Köln zieht jährlich Millionen Besucher in seinen Bann. Kaum einer, der seinen Altstadtbummel nicht hier auf dem Fischmarkt zu Füßen von Groß St. Martin unterbricht, bei Kölsch oder Kaffee. Die Fachwerkhäuser, liebevoll restauriert und , wie alles Alte in Köln, mit Stolz bewohnt, erinnern an die Zeiten, in denen die Handwerker die tragende Schicht der Rheinstadt waren. Im Verbundbrief des Jahres 1396 gaben die Gaffeln, also die politischen Vereinigungen der Handwerkerzünfte, der Stadt eine neue Verfassung und entmachteten damit die bis dahin herrschenden Patrizier. Dieser Verbundbrief ist sozusagen die »Magna Charta« kölnischen Bürgerwillens.

Every year millions of visitors are drawn to mediaeval Cologne. There is hardly one of them who does not stop to have a beer or a coffee at the Fish Market on their way through the Old City at the foot of Great St Martin. The half-timbered houses, lovingly restored and, like everything old in Cologne, the pride of their inhabitants, are reminders of the days when craftsmen were the productive class in this city on the Rhine. In the charter of 1396 the »Gaffeln«, that is the craftsmen's guilds, gave the city a new constitution and thus deprived the patricians, who had ruled until then, of their power. One could call this the »Magna Carta« of the citizens of Cologne.

Le Vieille Ville médiévale attire et fascine des millions de visiteurs chaque année. Et rares sont ceux qui n'interrompent pas leur promenade ici, sur le marché au poisson, au pied de l'église Grand-Saint-Martin, devant un «Kölsch» ou un café. Restaurées avec soin, comme tout ce qui est ancien à Cologne, faisant la fierté de leurs habitants, les maisons en pans de bois évoquent l'époque où les artisans étaient l'élément porteur dans la population de la ville rhénane. Dans la charte de l'an 1396, les «Gaffeln», associations politiques émanant des corporations d'artisans, donnèrent une nouvelle constitution à la ville, détrônant les patriciens jusqu'alors au pouvoir. Cette charte est en quelque sorte la «Magna Charta» imposée par la volonté des citoyens de Cologne.

La medievale Colonia attrae anno per anno milioni di visitatori. Sono pochi i turisti che non fanno visita, passeggiando per la città antica, al mercato del pesce ai piedi di Gross St. Martin, bevendo una birra locale od un caffe. Le case a traliccio restaurate con intelligenza sono, come quasi tutte le antiche case, abitate da gente orgogliosa e conscia dei tempi in cui gli artigiani rappresentavano la maggioranza degli abitanti della città sul Reno. In un codice dell'anno 1396 i cosidetti »Gaffeln« le corporazioni politiche degli artigiani diedero alle città una nuova costituzione e tolsero il potere ai regnanti nobili. Questo codice è paragonabile ad una »Magna Charta« della comunità.

Noch lange in die Nachkriegszeit hinein war die Altstadt um Groß St. Martin ein zweifelhaftes Pflaster. Nepp, Kriminalität, Verfall und Schmutz ließen die Kölner einen Bogen um das eigentliche Herzviertel ihrer Stadt machen. Die inzwischen abgeschlossene bauliche Sanierung hat das Viertel auch mit modernen Wohnblocks, die sich geschickt seinem Stil anpassen, zu einem normal belebten Stück Köln gemacht. Die Altstadt ist Sommer und Winter ein beliebtes Ziel von Besuchern und Kölnern. Gaststätten, Kneipen, Bistros, Cafés, auch Galerien oder exquisite Geschäfte bieten jedem etwas. Das Viertel geht durch die begrünte neue Rheinpromenade nun bis an den Rhein, der lärmende Verkehr auf der Rheinuferstraße fließt darunter in einem Tunnel. Und fast jeder Besucher, der sich in den unmittelbar angrenzenden Museen umgesehen und müde gelaufen hat, erholt sich danach hier am Rhein – bei einem Kaffee, einem süffigen Kölsch oder auch nur auf einer Parkbank oder auf dem Rasen.

Until long after the war the Old City around Great St Martin was a doubtful area. Swindle, criminality, decay and dirt led the inhabitants of Cologne to avoid the actual heart of their city. The reconstruction which has now been completed has made the quarter into a normal lively part of Cologne, with high-rise buildings which fit into their surroundings. Both in summer and winter the Old City is a favourite destination for visitors and inhabitants. Restaurants, bars, bistros, cafés, also galleries or exclusive shops offer something for everyone. The quarter now extends through the newly planted Rhine promenade all the way to the river, whilst the noisy traffic on the river bank flows in a tunnel underneath. Almost every visitor who has worn himself out in the nearby museums can recover here on the Rhine – with a cup of coffee, a beer or merely on the benches or the grass.

Longtemps encore après la fin de la guerre, Grand-Saint-Martin s'éleva au milieu de quartiers louches. Escroqueries, criminalité, délabrement et insalubrité incitaient les habitants de Cologne à ne pas mettre les pieds dans un quartier qui était pourtant le cœur de leur ville. Maintenant achevé, l'assainissement du quartier, complété par la construction d'immeubles modernes s'harmonisant avec bonheur à son style, l'ont réintégré à la vie normale de Cologne. Eté comme hiver, la vieille ville attire beaucoup de visiteurs et d'habitants de la ville. Auberges, estaminets, bistrots, cafés, mais aussi galeries d'art et boutiques prestigieuses, permettent à chacun d'y trouver ce qu'il cherche. Grâce à la nouvelle promenade du Rhin, ce quartier s'étend maintenant jusqu'à la rive du Rhin, le flux bruyant de la circulation longeant le Rhin passant par un tunnel. Rares sont les touristes qui, après la visite éprouvante des musées tout proches, ne se reposent pas ici, au bord du Rhin – dans un café, devant une bonne bière ou tout simplement sur un banc ou sur l'herbe.

Lunghi anni dopo la fine della guerra il centro storico attorno al rione Gross St. Martin godette di una fama tutt'altro che buona. Prezzi esagerati, criminalità, decadenza e lo sporco consigliavano ai cittadini perbene di girare alla larga di questo rione che fu una volta centro della città storica. Nel frattempo il risanamento urbano è compiuto con moderni caseggiati che si addicono al tessuto urbano ed il rione è ridivenuto popolare. Il centro storico d'estate e d'inverno è una delle mete preferite dai cittadini. Ristoranti, bar, cafè e bistros ma anche galerie o negozi di lusso accolgono i visitatori. Il quartiere ormai si estende anche alla passeggiata dei giardini sulla sponda del Reno, il traffico automobilistico invece è stato bandito sotto terra in un tunnel. Quasi tutti i turisti che hanno vistati i musei tanto vicini si riposano sulle sponde del Reno, godendosi un caffé, una birra locale o si ricrea su una della panche del giardino o si stende sui prati.

Romantische Motive bietet die Kölner Altstadt in Hülle und Fülle. Überall ergeben sich Durchblicke auf die mächtige romanische Kirche Groß St. Martin, um die sich die Häuser der Altstadt scharen, als suchten sie Schutz. Eines der gemütlichen historischen Weinhäuser Kölns, das Haus »Zum Walfisch«, steht in der Salzgasse. Der Name dieser schmalen Straße erinnert daran, daß Köln im Mittelalter einer der wichtigsten europäischen Plätze für den so gewinnbringenden Salzhandel war.

The older part of Cologne offers an abundance of picturesque motifs. Everywhere one has glimpses of the mighty Romanesque church of Great St Martin, around which the houses of the Old City gather as if seeking protection. One of Cologne's most agreeable historic wine-taverns, »Zum Walfisch«, stands in the Salzgasse (Salt Lane). The name of this narrow street is a reminder that in the Middle Ages Cologne was one of the most important centres in Europe for the very profitable salt trade.

La vieille ville de Cologne offre une profusion de motifs romantiques. De partout, on peut apercevoir l'imposante église romane de Grand-Saint-Martin, avec les maisons de la vieille ville groupées autour d'elle comme si elles recherchaient sa protection. L'établissement «Zum Walfisch» (A la Baleine), l'une de ces accueillantes auberges historiques où l'on déguste du vin, se trouve dans la Salzgasse. Le nom de cette étroite ruelle évoque l'époque où Cologne était, au Moyen-Age, l'une des places les plus importantes d'Europe pour le si lucratif commerce du sel.

Motivi romantici a Colonia se ne trovano ad ogni angolo a bizzeffe. Dappertutto si aprono scorci come sulla imponente chiesa romanica Gross St. Martin attorniata come una chioccia dai pulcini, dalle casupole dell' antico centro in cerca di protezione. Uno fra le tante tipiche vinerie piene d'atmosfera, è la casa »Zum Walfisch« (alla balena) nel vicolo Salzgasse. Il nome di questa stretta viuzza ci fa ricordare, che Colonia nel medioevo era uno dei luoghi piú importanti del traffico del sale.

Dort wo sich heute mächtig die romanische Kirche Groß St. Martin inmitten der Altstadt erhebt, war zu römischer Zeit und bis ins 10. Jahrhundert eine Rheininsel mit Lagerhäusern für die Waren, die in Köln umgeschlagen wurden. Unter Erzbischof Bruno wurde im 10. Jahrhundert der Fluß zugeschüttet, und die Insel wurde Kern eines Vorstadtviertels der Händler, Schiffer und Kaufleute. Hier gründete Bruno ein Benediktinerkloster, St. Martin. Der dem Rhein zugewandte Chor, Teil einer großartigen Kleeblatt-Anlage, stammt aus dem 12., das dreischiffige Langhaus aus dem 13. Jahrhundert. Auch diese Kirche, die wohl majestätischste der romanischen Kirchen Kölns, erlitt schwerste Schäden im Krieg. Der innen helle Raum, ganz in Weiß gehalten, in dem auch Fresken aus dem 19. Jahrhundert den Krieg überstanden haben, läßt ein heiteres, fast beschwingtes Gefühl aufkommen. Die 1975 bis 1978 um die Kirche entstandenen modernen Neubauten passen sich dem Stil von Groß St. Martin gelungen an. Ihre Gestaltung lag in den Händen von Joachim Schürmann, der auch die Kirche aus Trümmern zu neuer, alter Pracht erwachsen ließ.

In Roman times and until the C10 the place where the mighty Romanesque church of Great St Martin now rises in the middle of the Old City was an island in the Rhine, with warehouses for the goods which were transshipped in Cologne. Under Archbishop Bruno the arm of the river was filled in during the C10, and the island became the centre of a suburb of traders, bargemen and merchants. The Benedictine monastery of St Martin was founded here by Bruno. The choir, which faces the Rhine and is part of a magnificent trefoil construction, dates from the C12, the three-aisled nave from the C13. This church, the most majestic of Cologne's Romanesque churches, also suffered severe war-damage. The bright interior, decorated completely in white and containing C19 frescoes which survived the war, arouses a serene, almost uplifted feeling. The modern buildings around the church which were erected from 1975 to 1978 successfully match the style of Great St Martin. They were designed by Joachim Schürmann, who also reconstructed the church out of the ruins to new, old splendour.

Là où se dresse aujourd'hui l'imposante église romane de Grand-Saint-Martin, au cœur de la vieille ville, il n'y avait, à l'époque romaine et jusqu'au Xe siècle, qu'une île baignée par les eaux du Rhin, avec des entrepôts pour les marchandises transbordées à Cologne. Le bras du fleuve fut comblé, sous l'archevêque Bruno, et cette île devint le centre d'un faubourg fréquenté par les marchands, les bateliers et les négociants. Bruno y installa un monastère de Bénédictins, Saint-Martin. Tourné vers le Rhin, le chœur fait partie d'un grand ensemble triconque du XIIe siècle alors que la nef à trois vaisseaux est du XIIIe siècle. Cet édifice, sans doute la plus imposante des églises romanes de Cologne, a également subi de très graves dommages pendant la guerre. Clair, tout en blanc, avec des fresques du XIXe siècle ayant survécu à la guerre, l'intérieur donne une impression de sérénité, de joie presque. Si les édifices modernes construits autour de l'église, de 1975 à 1978, s'harmonisent si bien avec Grand-Saint-Martin, c'est que leur conception a été confiée à Joachim Schürmann, celui-là même qui avait relevé l'église de ses ruines et l'avait rendue à son ancienne splendeur.

Ai tempi romani e fino al 10. secolo c'era un'isola del Reno con magazzini per le merci in vendita. Su quest'isola oggi si erige la massiccia chiesa romanica Gross St. Martin in mezzo al centro storico. Nel decimo secolo fu sotterrato il rigagnolo del fiume dall'arcivescovo Bruno e l'isola divenne centro di un quartiere periferico per commercianti, navigatori e negozianti. Bruno fondò un convento benedittino, St. Martin. Il coro, rivolto verso il Reno, su un disegno a tre conche è del 12. secolo, la fabbrica a tre navate invece del duecento. Anche questa chiesa, la piú maestosa delle chiese romaniche di Colonia, fu gravemente danneggiata durante la Seconda Guerra Mondiale. Il vano interno, tutto in bianco, chiaro e pieno di luce mostra ancora qualche affresco del novecento sopravvissuto alla guerra, emana un sentimento di librante quiete. Dal 1975 al 1978 attorno alla chiesa sono stati eretti edifici moderni, che però non stonano con la veneranda, vecchia chiesa. La loro costruzione era nelle mani esperte di Joachim Schürmann, che dalle macerie fece anche risorgere questa chiesa fastosa e solenne.

Wie der Name schon sagt, war dies im Mittelalter ein Marktplatz, und der heute alljährlich hier abgehaltene Weihnachtsmarkt knüpft an diese Tradition an. »Alter Markt«, im Herzen der Altstadt, ist in die Fußgängerzone einbezogen, und nichts stört den Besucher, diesen wohl geschlossensten Kölner Platz ganz auf sich wirken zu lassen. Hier wird in jedem Jahr zu Weiberfastnacht, pünktlich um 11.11 Uhr morgens, das närrische Treiben des Karnevals von den weiblichen »Jecken« eröffnet. Und der Jan-von-Werth Brunnen hält die Erinnerung an eine sehr kölnische Liebesgeschichte aus der Zeit des Dreißigjährigen Krieges wach: Jan, ein einfacher Knecht, ist der Magd Griet zu arm, sie weist ihn ab. Aus Kummer zieht er in den Krieg und kommt als gefeierter General zurück nach Köln. Nun wirft Griet durchaus ein Auge auf ihn, aber er will nichts mehr von ihr wissen…Im Renaissance-Doppelhaus »Zur Bretzel / Zum Dorn«, das liebevoll wiederhergerichtet wurde – denn der gesamte »Alter Markt« war in Schutt und Trümmer gesunken, als 1945 der Krieg zu Ende ging – kann man in einer gemütlichen Kneipe deftige kölnische Spezialitäten genießen.

As the name suggests, this was a market-place in the Middle Ages and the Christmas market which is held here every year resumes this tradition. The Old Market in the heart of the Old City is incorporated in the pedestrian zone, and nothing can prevent the visitor from enjoying the atmosphere of this, the most compact of all Cologne's squares. On the last Thursday before Lent at exactly 11.11 a. m., the merrymaking of the carnival is opened here by the »Jekken« (women revellers). The Jan-von-Werth fountain perpetuates the memory of a love story which is typical for Cologne: Jan, a simple servant, is too poor for the serving-maid Griet; she refuses him. In his sorrow he goes to the wars and returns to Cologne as a celebrated general. Now Griet certainly casts an eye on him, but he does not wish to have anything more to do with her… In the Renaissance house »Zur Bretzel/ Zum Dorn«, which has been lovingly restored – then the whole of the Old Market was rubble and ruins when the war finished in 1945 – one can enjoy hearty Cologne cooking in a pleasant atmosphere.

Place de marché au Moyen-Age et accueillant aujourd'hui un marché de Noël qui s'y tient tous les ans, le Vieux Marché a conservé sa vocation. Situé au cœur de la vieille ville, il est intégré dans la zone piétonne et rien n'y vient troubler le visiteur désireux de goûter l'atmosphère de cette place qui, de toutes celles de Cologne, est sans doute celle qui a conservé la plus grande unité. C'est là que, chaque année à la quinquagésime à 11 heures et 11 minutes précises, les «folles» donnent le signal des réjouissances du Carnaval. Et la fontaine Jan-von-Werth y évoque le souvenir d'une histoire d'amour bien de Cologne qui a pour cadre la guerre de Trente Ans. Simple valet, Jan est trop pauvre pour Griet, la servante, qui le repousse. Dans son chagrin, il part à la guerre et revient à Cologne, général à qui l'on fait fête. Griet accueillerait volontiers ses avances mais il ne veut plus rien savoir… Restaurées avec soin, les maisons jumelles de style Renaissance «Zur Bretzel/Zum Dorn» abritent un établissement accueillant où l'on peut déguster de savoureuses spécialités du cru.

Come già fa intendere il nome, nel medioevo la piazza serviva come mercato ed il mercantino natalizio che ogni anno si svolge in questo spiazzo si rifà a questa tradizione. L'»Alter Markt«, incluso nella zona pedonale, al centro della città storica, è forse la piazza piú perfetta della città e la si può studiare senza essere infastidito dal rumore del traffico giornaliero. Qui, ogni anno nel novembre alle ore 11 ed 11 minuti viene inaugurata dai matti la stagione carnevalesca. E la fontana di Jan von Werth ci ricorda una storia d'amore come è capitata a Colonia all'epoca della guerra dei Trent'anni: Jan, un semplice garzone, è povero e la serva Griet non vuol sposarlo. Rattristato egli va in guerra e ritorna a Colonia come generale acclamato. Adesso Griet sarebbe disposta a maritarlo, pero lui non ne vuole piú sapere… Nella rinascimentale casa gemella »Zur Bretzel/Zum Dorn« che fu riassestata con stile – tutta la piazza »Alter Markt« dopo la guerra era solo macerie e rovine – vengono offerte specialità prelibate in un ristorante tipico e pieno d'atmosfera.

28 Die Renaissancelaube des Rathauses

Das Rathaus der Stadt Köln wird zum ersten Mal als Bürgerhaus im 12. Jahrhundert erwähnt. Seitdem wurde es immer weiter umgestaltet, vor allem aber durch Anbauten vergrößert. Bei der jüngsten Erweiterung 1953 stieß man auf die Fundamente eines römischen Prätoriums. Von hier aus verwaltete der Stadthalter die römische Provinz Niedergermanien, deren Hauptstadt Köln vom Jahre 90 an bis in die Konstantinische Epoche war. Die Besichtigung der umfangreichen Ausgrabungen des Prätoriums unter dem Rathaus ist ebenso zu empfehlen wie ein Blick ins Innere des repräsentativen Rathauskomplexes, in den Löwenhof, die Piazzetta mit der Freitreppe, den Hansasaal. Außen ist der Rathausturm neben dem von Groß St. Martin das die Altstadt überragende Bauwerk. Die sogenannte Renaissancelaube, von der aus den Bürgern die Beschlüsse ihres Rates verkündet wurden, stammt aus der zweiten Hälfte des 16. Jahrhunderts. In unmittelbarer Nachbarschaft zum Rathaus lag das Judenviertel, dessen Ritualbad, die Mikwe, vom Rathausplatz aus besichtigt werden kann.

28 The Renaissance Arcade of the Town Hall

Cologne's town hall is mentioned as a civic house for the first time in the C 12. Since then it has been constantly altered and, in particular, made larger by extensions. During the latest alterations in 1953 the foundations of a Roman Praetorium were discovered. From here the governor ruled the Roman province of Germania Inferior, whose capital from the year 90 until the era of Constantine was Cologne. A visit to the extensive excavations of the Praetorium under the town hall is to be recommended as well as a look into the splendid town hall complex itself, the Löwenhof (Lion Court), the piazetta with its outdoor staircase and the Hansa hall. Next to that of Great St Martin, the tower of the town hall is the tallest building in the Old City. The so-called Renaissance arcade, from which the decisions of the council were proclaimed to the citizens, dates from the second half of the C 16. In the immediate vicinity of the town hall was the Jewish quarter, and its ritual bath, the mikvah, can be viewed from the entrance on Rathausplatz.

28 Arcades Renaissance de l'Hôtel de Ville

Mentionné pour la première fois dans des documents du XIIe siècle en qualité de «maison des bourgeois», l'Hôtel de ville a été, depuis, sans cesse transformé et, surtout, agrandi par des constructions annexes. Lors des derniers agrandissements, en 1953, on a découvert les fondations d'un prétoire romain. C'est en ce lieu que le gouverneur administrait la province romaine de Basse-Germanie dont Cologne fut la capitale de l'an 90 jusqu'à l'époque de Constantine. La visite des importants vestiges de ce prétoire mis à jour sous l'Hôtel de ville est fort intéressante, de même que celle de l'intérieur de cet édifice représentatif, avec la cour des Lions, la Piazetta avec son perron, la salle de la Hanse. A l'extérieur, la tour de l'Hôtel de Ville, à côté de la tour de Grand-Saint-Martin, domine la vieille ville. Les arcades dites Renaissancelaube, d'où le Conseil annonçait ses décisions aux citoyens, datent de la seconde moitié du XVIe siècle. Tout près de l'Hôtel de Ville se trouvait le quartier juif dont les bains rituels, la «mikwe», sont ouverts aux visites et accessibles à partir de la place de l'Hôtel de Ville.

28 La Loggia rinascimentale del Municipio

Del municipio di Colonia come palazzo comunale si fa per la prima volta menzione nel 12. secolo. Da allora subí molti rimaneggiamenti e fu ingrandito. L'ultimo ingrandimento lo subí nel 1953 e durante i lavori si scopersero le fondamenta di un pretorio romano. Da questo palazzo il viceré romano governò la provincia romana della Bassa Germania, la capitale della quale dal 90 p. C. n. fino all'epoca di Costantino fu Colonia. La visita della zona estesa del ritrovamento del pretorio sotto il municipio è consigliabile come anche una visita del grande complesso del municipio stesso con il rappresentativo Cortile dei Leoni, la Piazzetta con lo scalone o la Sala dell'Hanse. Assieme alla Torre municipale è la torre di Gross St. Martin che domina la silhouette del centro storico. La cosidetta loggia rinascimentale, dalla quale venivano annunciati i proclami del Consiglio Comunale, fu costruita nella seconda metà del cinquecento. In vicinanza del municipio si trovava il quartiere ebreo; il »mikwe«, il cosidetto bagno rituale si può visitare venendo dalla piazza municipale.

Unweit des Heumarkts und nur wenige Schritte vom Rathaus entfernt liegt dieser größte gotische Profanbau der Stadt Köln. Er wurde um die Mitte des 15. Jahrhunderts auf dem Grundstück des Patriziergeschlechts Gürzenich – daher bis heute sein Name – errichtet. Hier hielt der Rat Empfänge und Feste ab, hier wurden Kaiser empfangen. Im 19. Jahrhundert vergnügte sich die Bürgerschaft im Gürzenich bei Tanz und Karnevalstreiben. Im Zweiten Weltkrieg brannte das Gebäude ab und wurde 1952 bis 1953 durch Rudolf Schwarz und Karl Band wieder aufgebaut und erweitert. Der große Saal war bis 1986, bis zur Eröffnung der neuen Philharmonie unter dem Museumskomplex am Dom, Kölns wichtigster Konzertsaal. Und in der Karnevalszeit dient er bis heute als beliebter Ort für die närrischen Sitzungen und Bälle.

Not far from the Haymarket and only a few paces from the Town Hall stands the largest Gothic profane building in the city of Cologne. It was erected in the middle of the C15 on a site belonging to the patrician family of Gürzenich – hence its name. Here the council held receptions and festivals, here emperors were received. In the C19 the bourgeois also enjoyed the balls and carnival merrymaking in Gürzenich. The building was burnt to the ground during the Second World War, and was rebuilt and extended in 1952/1953 by Rudolf Schwarz and Karl Band. The large hall was Cologne's most important concert hall until the opening of the Philharmonie under the museum complex at the cathedral in 1986. It is still used during Shrovetide for carnival entertainment and balls.

Cet édifice profane, le plus grand de style gothique qui soit dans la ville de Cologne, se trouve non loin du Marché au Foin et à quelques pas seulement de l'Hôtel de Ville. Construit vers le milieu du XVe siècle sur un terrain appartenant à la famille patricienne des Gürzenich dont il porte le nom encore aujourd'hui, c'est ici que le Conseil donnait ses fêtes et ses réceptions, c'est ici que l'on recevait l'empereur. Au XIXe siècle, la bourgeoisie y donnait ses bals et ses fêtes de Carnaval. Détruit par un incendie pendant la Seconde Guerre mondiale, l'édifice fut reconstruit et agrandi, en 1952 et 1953, par Rudolf Schwarz et Karl Band. Jusqu'à l'inauguration, en 1986, de la nouvelle Philharmonie, sous le complexe de musées proche de la cathédrale, cette grande salle fut la salle de concert la plus importante de Cologne. Aujourd'hui encore, c'est le lieu privilégié où se déroulent les «séances folles» et les bals du Carnaval.

In vicinanze del Heumarkt ed a solo pochi passi dal municipio si trova l'edificio profano piú vasto della Colonia gotica. Fu eretto verso la metà del 15. secolo sull' area dei nobili di Gürzenich – da cui deriva la denominazione odierna. Qui il Consiglio Comunale celebrò le sue riunioni, qui vennero ricevuti persino degli Imperatori. Nell'ottocento i cittadini borghesi qui si divertivano con danze e con le feste carnvalesche. Nella seconda Guerra Mondiale l'edificio fu distrutto dalle fiamme e venne rieretto ed anche ingrandito nel 1952/1953 dagli architetti Rudolf Schwarz e Karl Band. La grande sala era fino al 1986, anno della inaugurazione della nuova sala della Filarmonia sotto il complesso museale del Duomo, la sala di concerto piú importante della città. E nel periodo di carnevale è rimasto fino ad oggi un luogo ideale per i convegni dei matti che in questo periodo allestiscono dei grandi balli.

Die Hohe Straße ist die Hauptgeschäftsstraße der Rheinmetropole seit 2000 Jahren. Sie verläuft genau auf dem »Cardo Maximus«, der Nord-Süd-Achse der römischen Colonia. Damals verband sie das Nordtor, dessen einer Seitenbogen heute noch auf der Domplatte steht, mit dem Südtor der römischen Stadtmauer. Zu allen Zeiten war die Hohe Straße die wirtschaftliche Lebensader Kölns. Hier konzentrierten sich Handel, Handwerk und Geldwesen, hier wurde gefeilscht, gedrängt, getratscht. Heute zwängen sich an ganz normalen Tagen weit mehr als 100 000 Menschen durch diese Schleuse, und viele von ihnen setzen ihren Gang dann in die Schildergasse fort, die rechtwinklig abzweigt und die andere beliebte Kölner Kauf-Meile ist. Auch sie verläuft auf einer römischen Straße, der Ost-West-Achse vom Rhein durch die Stadt, dem »Decumanus Maximus«. Die einst vornehme Hohe Straße, die in den Bombenangriffen fast vollständig in Trümmer sank, ist nach dem Kriege schnell wiedererstanden, nun jedoch eher auf Massenkonsum und Billigläden ausgerichtet. Viele der teureren und nobleren Geschäfte haben inzwischen den Rückzug in ruhigere Seitenstraßen angetreten.

The High Street (Hohe Straße) has been the main shopping street of the Rhine metropole for 2000 years. It runs exactly along the »Cardo Maximus«, the north-south axis of the Roman Colonia. In those days it joined the north gate – of which a side arch still stands on the »Domplatte« – with the south gate of the Roman city walls. At all times the High Street was the economic artery of Cologne. This was the centre of commerce, trade and finance, of bargaining, hustle and gossip. Today 100,000 people squeeze through this bottleneck on any normal day and many of them continue to walk through the Schildergasse, which leads off at a right-angle and is the other favourite shopping street in Cologne. It also runs along a Roman way, the »Decumanus Maximus«, the east-west axis from the Rhine through the city. The High Street was formerly very elegant, but after having been almost totally devastated by bombing, it was quickly rebuilt after the war with an eye to mass consumption and bargain shopping. Many of the expensive and exclusive shops have meanwhile beaten a retreat into the quieter side-streets.

Depuis 2000 ans, la Hohe Strasse est la principale rue commerçante de la métropole rhénane. Elle suit exactement le tracé du «Cardo Maximus», l'axe nord-sud de la Colonia romaine. Jadis, cette rue reliait la porte nord, dont un arc latéral se dresse encore sur la place de la cathédrale, à la porte sud de l'enceinte romaine. A toutes les époques, la Hohe Strasse a été l'artère vitale où se concentraient commerce, artisanat et finance. On y marchandait, s'y bousculait et échangeait des nouvelles. Aujourd'hui, en temps normal, plus de 100000 personnes se pressent dans cette voie de passage et nombreux sont ceux qui tournent à droite, dans la Schildergasse, autre artère commerçante très fréquentée suivant également le tracé d'une rue romaine, le «Decumanus Maximus», axe est-ouest partant du Rhin. Autrefois élégante, mais presque entièrement détruite par les bombardements, la Hohe Strasse a été vite reconstruite après la guerre, mais plutôt dans une perspective de consommation de masse et de bon marché, un grand nombre de boutiques plus prestigieuses s'établissant peu à peu dans les rues latérales.

La Hohe Strasse da 2000 anni è la strada commerciale centrale della metropoli sul Reno. Si protrae esattamente sul »Cardo Maximus«, l'asse nord-sud, della Colonia romana. A quei tempi collegò la porta settentrionale, di cui ancor oggi si vede un residuo, un'arcata sulla Domplatte, con la porta meridionale romana. In ogni epoca la Hohe Strasse era l'arteria vitale della città. Qui si concentrarono commercio, artigianato ed affari bancari, qui si trattò, si fece prezzi, e si sentirono le ultime novità. Anche oggi piú di 100.000 persone ogni giorno passano questo strettoio, e molti di loro proseguono nella Schildergasse, che la taglia ad angolo retto, dove si trovano i grandi supermercati e magazzini. Anch'essa segue un tracciato romano, l'asse est-ovest, provenendo dal Reno attraverso la città, il cosidetto »decumanus Maximus«. La elegante Hohe Strasse venne distrutta dai bombardamenti, risorse in breve tempo ma presentandosi oggi però molto meno elegante. I negozi esclusivi e di lusso si sono ormai piuttosto ritirati nelle strade secondarie e laterali.

31 Der Heinzelmännchen-Brunnen

Durch die Kölner Stadtgeschichte zieht sich eine Fülle von teils heiligen, teils recht profanen Legenden, Sagen und Überlieferungen. So hat wohl jedes Kind in Deutschland irgendwann einmal von den »Heinzelmännchen von Köln« gehört. Zur Erinnerung an August Kopisch, den »Vater« dieser lustigen Sage, wurde 1899 der Heinzelmännchen-Brunnen errichtet. Er steht auf einem kleinen Platz, »Am Hof«, der Südseite des Domhotels gegenüber, einen Steinwurf von der Hohen Straße oder der Domplatte entfernt. »Wie war in Köln es doch vordem mit Heinzelmännchen so bequem…« Die kleinen Kerle, die unbedingt unsichtbar bleiben wollten, erledigten alle Arbeiten, bis eines Nachts die neugierige Schneidersfrau ihre Ungeduld nicht mehr zügeln konnte, mit der Laterne in der Hand nachsah… und alle die kleinen, emsigen Helfer blieben bis heute spurlos verschwunden.

31 The »Heinzelmännchen« Fountain

A number of legends can be found in the history of Cologne, some religious, some profane, sagas and traditional tales. Every child in Germany has at sometime or other heard of the »Heinzelmännchen of Cologne«. The Heinzelmännchen fountain was erected in 1899 in memory of August Kopisch, the »father« of this amusing story. It stands in a little square, »Am Hof«, opposite the south façade of the Dom Hotel, a stone's throw from the High Street or the »Domplatte«. »How easy it used to be in Cologne with the Heinzelmännchen…« The little people, who wanted to remain absolutely invisible, did all the work, until one night the tailor's wife could no longer contain her curiosity and, with a lantern in her hand, went to look… and all the busy little helpers disappeared without a trace until this day.

31 La fontaine des «Heinzelmännchen»

L'histoire de la ville de Cologne est émaillée d'une profusion de légendes et de traditions, certaines sacrées, les autres tout à fait profanes. Dans toute l'Allemagne, il n'est sans doute pas un seul enfant qui n'ait entendu parler des «lutins de Cologne». C'est en hommage à August Kopisch, «père» de cette amusante légende, que cette fontaine a été élevée. Elle se dresse sur la petite place «Am Hof», au sud de l'hôtel du Dom, à un jet de pierre de la Hohe Strasse ou de la plate-forme de la cathédrale. «Comme c'était pratique jadis à Cologne, avec les Heinzelmännchen…» Ces bon petits lutins, qui attachaient tant d'importance à ce qu'on ne les voie pas, faisaient tout à votre place, la nuit, jusqu'au jour où, trop curieuse et incapable de maîtriser son impatience, la femme du tailleur alla les surprendre, une lanterne à la main… et tous les petits travailleurs zélés ont disparu sans laisser de traces, jusqu'à aujourd'hui.

31 La fontana Heinzelmännchenbrunnen

La storia della città di Colonia è un susseguirsi di leggende siano religiose o profane, di storielle o favole tramandate. Ogni bambino in Germania conosce la leggenda dei famosi »Heinzelmännchen di Colonia«. In memoria di August Kopisch, il padre di questa fiaba divertente fu eretta nel 1899 la fontana qui fotografata. Si trova in una piccola piazza »Am Hof«, di fronte al lato meridionale del Hotel Duomo, a due passi dalla Hohe Strasse e dalla Domplatte. »Quant'era comoda la vita a Colonia con i Heinzelmännchen…« Questi leggendari nanerottoli che non volevano essere visti da nessuno, di notte facevano tutti i lavori necessari ai cittadini, finché una donna, moglie del sarto non poté frenare la sua curiosità e con la lanterna ando a cercarli… Tutti questi piccoli nani, tanto simpatici quanto utili fino al giorno d'oggi non si sono piú fatti vivi…

Das »Früh« ist eines der traditionsreichen Kölner Brauhäuser, wie es sie bis zum Kriege an vielen Stellen der Stadt gab. In der offenen, kommunikativen Atmosphäre Kölns sind solche Brauhäuser mehr als nur Kneipen. Sie sind eine feste Institution, haben ihr treues Stammpublikum und ihre Geschichte, die meist eine Familiengeschichte, eine Bürgerchronik ist. Mehr und mehr befreunden sich die Kölner auch mit Biergärten, und das Nebeneinander von kölnischem Brauhaus und italienischem Café ist gar kein Widerspruch in dieser Stadt mit römischen Wurzeln und den Nachfahren der Legionäre wie der germanischen Ubier.

»Früh« is one of Cologne's traditional brew-houses, of which there were many all over the city until the war. In the open, communicative atmosphere of Cologne, such brew-houses are more than mere pubs. They are a permanent institution, have their faithful regulars and their history, which is mostly a family one and that of the citizens. Cologne's inhabitants are becoming more and more accustomed to beer-gardens, and the proximity of a »Kölsch« beer-hall and an Italian café is no inconsistancy in this city with Roman roots and the descendants of both legionnaires and Germanic Ubii.

La maison «Früh», c'est l'une de ces brasseries traditionnelles à Cologne comme il y en avait en de nombreux endroits de la ville avant la guerre. Dans cette ville de Cologne, tout entière tournée vers l'ouverture et la communication, ces brasseries sont plus que de simples estaminets. Véritable institution, elles ont leurs fidèles habitués et leur histoire qui est la plupart du temps l'histoire d'une famille, une chronique bourgeoise. Mais les habitants de Cologne découvrent de plus en plus les plaisirs des «jardins de la bière» et la coexistence de la brasserie de Cologne avec le café italien n'a rien d'une contradiction dans cette ville aux racines romaines dont les habitants sont les descendants à la fois de légionnaires romains et de la tribu germanique des «Ubii».

Il locale »Früh« è una delle birrerie tradizionali di Colonia, come prima della Seconda Guerra Mondiale c'e ne erano tante sparse per la città. Nell'atmosfera gioviale e comunicativa tipica di Colonia queste birrerie sono molto di piú di semplici ritrovi. Sono delle istituzioni, hanno i loro frequentatori fissi e la loro storia, quasi sempre una cronaca familiare, una cronaca da buoni piccoli-borghesi. Sempre di piú diventano di moda i giardini-birreria ed assieme alle birrerie tradizionali di Colonia ed ai café all'italiana sono ben accettati in una città con le origini romane, successori dei legionari romani e germaniche successori degli Ubii germanici.

Das »heilige« Köln ist stolz auf seine rund eintausend Jahre zurückreichende Brautradition und auf deren heutiges Spitzenprodukt, das »Kölsch«. Es gehört so unverwechselbar zu dieser Stadt wie der Dom oder der Karneval. Kölsch ist ein helles, obergäriges Bier. Sein Kohlensäuregehalt ist gering und der süffige Saft verlockend bekömmlich – sogar von Ärzten empfohlen! Es wird aus schmalen, zylindrischen Gläsern getrunken, den »Stangen«. Man genießt sein Kölsch am typischsten in einem der alteingesessenen Brauhäuser, bei »Früh«, »Päffgen«, »Sion«, bei »Töller« oder in der »Malzmühle«. Köln ist eine weltoffene Stadt, und so ein voller Brauhaussaal ist das beste Beispiel dafür. Hier hat niemand etwas dagegen, wenn man sich an den Tisch dazusetzt, die Kölner sind gesellig, und nach so einem Abend scheiden Fremde oft als Freunde. Der »Köbes«, wie so ein Ober in seiner blauen Strickweste hier oft lautstark gerufen wird, hebt derweil eine Stange des herzhaft-frischen Bieres nach der anderen aus seinem »Kranz«. Protest hilft da nichts, denn die »Köbesse« sind Autoritäten, die ihr Revier mal herzlicher, mal rauher betreuen.

»Holy« Cologne is proud of its brewing tradition which goes back about a thousand years, and of its present-day product, »Kölsch«, a high-quality beer. It belongs to this city as unmistakably as the cathedral or the carnival. »Kölsch« is a light, top-fermented beer with very little carbon dioxide. The pleasing drink is temptingly wholesome and is even recommended by doctors! It is drunk out of narrow, straight-sided glasses known as »rods«. It is most typical to enjoy one's »Kölsch« in an old-established brew-house, in »Früh«, »Päffgen«, »Sion«, »Töller« or in the »Malzmühle«. Cologne is a cosmopolitan city and such a crowded beer-hall is the best example of this. No-one here takes offence if one joins them at a table; the inhabitants of Cologne are sociable and after an evening like this, strangers often part as friends. The »Köbes«, as the waiter in his blue knitted vest is often hailed in a loud voice, meanwhile lifts the rods of freshly-drawn beer out of his »ring« one after the other. Protests are of no avail, since the »Köbesse« rule their territories with authority, sometimes friendly, sometimes gruff.

Ville «sacrée», Cologne s'enorgueillit pourtant d'une tradition du brassage bientôt millénaire dont le produit de très grande qualité, la «Kölsch», est l'un des éléments inséparables de cette ville, comme sa cathédrale ou son Carnaval. C'est une bière blonde à fermentation élevée, contenant peu d'acide carbonique, savoureuse et légère – et les médecins la prescrivent! On la boit dans des verres cylindriques et étroits, les «Stangen» (barre). Pour la couleur locale, il faut aller la déguster dans l'une des anciennes brasseries «Früh», «Päffgen», «Sion», «Töller» ou «Malzmühle». Cologne est une ville ouverte au monde et l'une de ces salles de brasserie pleines à craquer en apporte le meilleur exemple. Ici, personne ne s'offusque de voir quelqu'un s'asseoir à sa table. A Cologne, on aime la compagnie et, après une soirée passée ensemble, les étrangers se quittent souvent comme des amis. Et le «Köbes», ainsi que l'on appelle ici, parfois à pleine gorge, le garçon reconnaissable à son gilet de tricot bleu et à sa «couronne» de verres, pose devant vous une bière après l'autre. Rien ne sert de protester car les «Köbesse» exercent sur leur territoire une autorité plus ou moins chaleureuse ou plus ou moins rude.

La Colonia »sacra« è orgogliosa della piú che millennaria tradizione della fabbricazione della birra e specie di quel tipo locale, il cosidetto »Kölsch«. E'un simbolo della città come lo sono il Duomo od il carnevale. Il Kölsch è una birra chiara a fermentazione alta. Il quantitativo di acido carbonico è irrelevante e la bevanda stessa salutare – raccomandata persino dai medici. La si beve in dei bicchieri cilindrici e longilinei, le cosidette »Stangen« (stecche). Si fa bene a consumare la sua birra in uno dei tipici locali come il »Früh«, o il »Päffgen«, da »Sion«, da »Töller« o nella »Malzmühle«. Colonia è una città aperta al mondo ed una sala piena in una delle birrerie ne è il miglior esempio. Ci si siede ad uno dei tavoloni, assieme ad altre persone, i cittadini sono socievoli e spesso stranieri, dopo aver passata la serata ad uno dei tavoli in compagnia, ripartono da amici. I camerieri chiamati »Köbes« con una vestaglia blu-scura servono una birra dopo l'altra dal loro vassoiocesta, il cosidetto »Kranz«. Protestare non serve a niente, è inutile, perché loro con modi piú o meno gentili la fanno da padroni della sala.

34 St. Maria im Kapitol

St. Maria im Kapitol, über das gesamte 11. Jahrhundert hin erbaut, ist die wohl reinste unter den romanischen Kirchen Kölns. Ihr Kleeblattgrundriß (Dreikonchenanlage) orientiert sich an der Geburtskirche in Bethlehem und hat St. Maria im Kapitol in den Rang eines weit über den rheinischen oder deutschsprachigen Raum hinausweisenden Sakralbaus erhoben. Die Kirche steht auf den Resten eines römischen Tempels, in dem man zu den kapitolinischen Göttern betete – daher stammt auch ihr Name. St. Maria im Kapitol wurde im Krieg verheerend zerstört, und die Wiederherstellung dieses Gotteshauses in seiner ganzen eindrucksvollen Schönheit ist ein Geschenk nicht nur für die Kölner.

Im Kreuzgang steht die »Trauernde« von Gerhard Marcks, steinerne Mahnung, der Vergangenheit stets eingedenk zu bleiben. Im lebenslustigen Köln stößt man mehrfach auf dieses Motiv, so bei der Kopie der »Trauernden Eltern« von Käthe Kollwitz in der Ruine von St. Alban oder in der Antoniter-Kirche bei Barlachs »Todesengel«. Durch das sogenannte »Dreikönigenpförtchen« neben St. Maria im Kapitol sollen 1164 die Reliquien der drei morgenländischen Weisen in die Stadt Köln gebracht worden sein.

34 St Mary-in-Capitol

St Mary-in-Capitol, built throughout the whole of the C11, is the most purely Romanesque of all Cologne's churches. Its trefoil plan is based on the Church of the Nativity in Bethlehem and has brought St Mary-in-Capitol a position in the ranks of sacral building far beyond that of most Rhenish or even German examples. The name comes from the fact that the church stands on the remains of a Roman temple in which prayers were offered to the Capitoline gods. St Mary-in-Capitol was badly damaged during the war and the restoration of this House of God in all its impressive beauty is a gift not only to the people of Cologne. In the cloister the »Mourner« by Gerhard Marcks stands as an exhortation in stone to remain heedful of the past. In pleasure-loving Cologne one frequently finds this motif, such as the copy of »Mourning Parents« by Käthe Kollwitz in the ruins of St Alban or Barlach's »Angel of Death« in the Antonite church. In 1164 the relics of the three Magi are said to have been brought into the city of Cologne through the so-called »Three Kings Wicket-gate« next to St Mary-in-Capitol.

34 L'église Sainte-Marie-au-Capitole

Construite tout au long du XIe siècle, Sainte-Marie-au-Capitole est sans doute l'église romane de Cologne au style le plus pur. Son plan tréflé (triconque) s'inspirant de l'église de la Nativité de Bethléem fait de Sainte-Marie-au-Capitole un édifice sacré dépassant largement le cadre des pays rhénans ou germanophones. Son nom lui vient de son emplacement sur les restes d'un temple romain aux dieux du Capitole. Pendant la guerre, Sainte-Marie-au-Capitole a subi des destructions dévastatrices et la reconstruction de cette église dans toute son impressionnante beauté est une remarquable réalisation. Dans le cloître se dresse la «Pleureuse» de Gerhard Marcks, exhortation de pierre à toujours se souvenir du passé. En dépit de la joie de vivre qui règne à Cologne, on y rencontre ce motif à plusieurs reprises, ainsi la copie des «Parents éplorés» de Käthe Kollwitz, dans les ruines de Saint-Alban, ou encore «L'ange de la Mort» de Barlach, dans l'église des Hospitaliers de Saint-Antoine. C'est par le petit portail dit «des Trois Rois», près de Sainte-Marie-au-Capitole, que les reliques des trois sages du Levant seraient entrées à Cologne, en 1164.

34 S. Maria in Campidoglio

La chiesa S. Maria in Campidoglio fu costruita durante tutto l'undicesimo secolo ed è la chiesa romanica stilisticamente piú pura di Colonia. La pianta a quadrifoglio (a tre conche) ha come modello la chiesa di Betlemme; S. Maria in Campidoglio perciò divenne una chiesa rinomata lungi oltre le rive del Reno e persino oltre le frontiere della Germania. Il nome si riferisce al fatto, che la chiesa fu costruita sulle fondamenta di un antico tempio, dedicato alle divinità del Campidoglio. Durante la Guerra Mondiale S. Maria in Campidoglio fu gravemente danneggiata ed il ripristino della chiesa non è soltanto un regalo per i cittadini di Colonia. Nel chiostro si trova la »Triste« dello scultore Gerhard Marcks, un ammonimento pietrificato, di essere sempre memore del passato. Questo tema viene riproposto diverse volte nella vitale Colonia, così nei »Tristi genitori«, opera di Käthe Kollwitz nelle rovine di S. Albano o nella chiesa degli Antoniti nell'»Angelo della Morte«, capolavoro di Ernst Barlach. Attraverso il portone piccolo cosidetto dei »Tre Re Magi« vicino a S. Maria in Campidoglio si dice siano state portate in città nel 1164 le spoglie dei tre savi d'oriente.

35 Der Heumarkt und die Deutzer Brücke

Der Heumarkt war einst einer der schönsten Plätze Kölns. In seiner Mitte stand das Denkmal des Preußenkönigs Friedrich Wilhelm III., hoch zu Roß, umgeben von hohen preußischen Beamten und Würdenträgern. Es steht auch heute wieder da, doch noch fehlt ihm die Reiterfigur, die zur Zeit restauriert wird. Über den Stumpf geht der Blick hinüber nach Deutz und zur Kirche Neu St. Heribert. Die Deutzer Brücke verläuft nahe der Stelle, wo im Jahre 313 Kaiser Konstantin die erste feste Kölner Rheinbrücke bauen ließ und zu ihrem Schutz auf der rechtsrheinischen Seite ein Kastell anlegte, das »Castellum Divitia«, aus dem sich der Name »Deutz« entwickelte. Es gibt aber auch eine andere Version: Zum Schutz der Reichsgrenzen gegen die Germanen wurde das Kastell errichtet, und die Brücke verband es mit der Stadt am linksrheinischen Ufer des Stroms. In Köln hat jedes Ding mindestens zwei Seiten! Der Heumarkt ist heute das wohl beredteste Zeugnis von städeplanerischem Versagen nach dem Krieg: Er ist mittendurch zerschnitten durch die Stadtbahngleise und bisher trotz mutiger und gelungener baulicher Ansätze ein Beispiel für kurzsichtige, kleinkarierte Kommunalpolitik.

35 The Heumarkt and the Deutzer Bridge

At one time the Heumarkt (Haymarket) was one of Cologne's most beautiful squares. The equestrian statue of the Prussian king Friedrich Wilhelm III, surrounded by high officials and dignitaries, stood in the middle. It still stands there today, but the figure on horseback is missing owing to restoration. Above the stump one can look towards Deutz and the church of New St Heribert. The Deutzer bridge stands near the place where the emperor Constantine built the first permanent bridge over the Rhine in the year 313 and laid out a fortress for its defence on the right bank of the river, known as »Castellum Divitia«, from which the name »Deutz« developed. There is also a different version: the castellum was built in order to defend the borders of the Empire against the Germanic tribes, and the bridge joined it to the city on the left bank of the river. In Cologne everything has at least two sides! Today the Haymarket provides the best evidence of the failure of town-planning after the war: it is divided through the middle by the tracks of the city railroad and, in spite of courageous and successful architectural attempts, remains as an example of short-sighted, narrowminded municipal policy.

35 Le Marché au Foin et le pont de Deutz

Le Marché au Foin fut jadis l'une des plus belles places de Cologne. En son centre se dressait le monument au roi de Prusse Frédéric Guillaume III, entouré de hauts fonctionnaires et dignitaires prussiens. Il a retrouvé sa place, mais il lui manque encore sa statue équestre actuellement en restauration. Au-delà de ce moignon, on aperçoit le faubourg de Deutz et l'église Nouveau-Saint-Héribert. Le pont de Deutz a été construit tout près de l'emplacement du premier pont en dur de Cologne, construit en 313 par l'empereur Constantin et protégé par un castel élevé sur la rive droite du Rhin, le «Castellum Divitia» dont le nom de «Deutz» est dérivé. Selon une autre version, ce castel aurait été édifié pour protéger les frontières de l'empire contre les Germains et le pont aurait assuré la liaison avec la ville sur la rive gauche. A Cologne, tout a toujours au moins deux aspects! Le Marché au Foin est sans doute l'exemple le plus flagrant de l'échec de l'urbanisme d'après-guerre. Balafré par les quais du métro, c'est le témoin exemplaire d'une politique municipale sans envergure, en dépit de quelques réalisations d'une belle audace.

35 Il Heumarkt e il ponte Deutzer Brücke

Il Heumarkt era un tempo la piazza piú bella di Colonia. Al suo centro si erigeva il monumento cavallerizzo al re prussiano Friedrich Wilhelm III attorniato da statali ed onorificenze della Prussia. E'stato ricollocato sul posto, gli manca però il cavallo, in fase di restauro. Il nostro sguardo però volge verso Deutz e la chiesa di Neu St. Heribert. Il ponte di Deutz fu eretto nelle vicinanze del luogo ove nel 313 l'imperatore Costantino fece erigere il primo passaggio stabile del Reno e, a protezione sulla sponda destra un fortino, il cosidetto »Castellum Divitia«, nominativo che è la radice etimologica di »Deutz«. Esistono però anche versioni differenti: A protezione delle frontiere dell'Impero Romano contro i Germanici fu eretto il fortino ed un ponte che lo collegò con la cittadina sulla sponda sinistra del fiume. A Colonia ogni cosa si presenta come minimo da due lati! La piazza del Heumarkt è un esempio dell'urbanistica fallimentare dopo la guerra. E'stato dimezzato dai binari della ferrovia cittadina e nonostante tentativi sperimentali di rifarne una piazza rimane un esempio di politica comunale sbagliata.

Acht Brücken verbinden im Stadtgebiet von Köln die linksrheinische mit der rechtsrheinischen Hälfte und prägen das Panorama der Stadt: Die Rodenkirchener Brücke als südlichste und die Merkenicher Brücke als nördlichste schließen den Autobahnring um Köln über dem Rhein. Die Südbrücke dient ausschließlich dem Eisenbahnverkehr, ebenso die Hohenzollernbrücke, über die täglich mehr als eintausend Züge rattern. Vier Brücken leiten den innerstädtischen Strom von Kraftfahrzeugen und Straßenbahnen von Ufer zu Ufer: die Deutzer Brücke, die ziemlich genau dort steht, wo im Jahre 310 Kaiser Konstantin den ersten festen Rheinübergang bauen ließ, die Severinsbrücke nur wenig südlich davon, die nach dem heiligen Severin, einem der Kölner Stadtpatrone benannt ist und deren ungewöhnlicher Dreieckpylon sie schon weither sichtbar werden läßt, die Zoobrücke und die Mülheimer Brücke. Sie alle sind oft genug bis an den Rand ihrer Kapazität ausgelastet, denn in Köln leben knapp eine Million Menschen und der Verkehr ist entsprechend stark.

Within the city district of Cologne there are eight bridges connecting the two halves on either side of the Rhine which leave a distinctive mark on the city's panorama. The motorway around Cologne is connected over the Rhine by the Rodenkirchener bridge, the most southerly, and the Merkenicher bridge, the most northerly. The Südbrücke is purely for railway traffic, as is the Hohenzollern bridge over which more than a thousand trains rumble every day. Four bridges carry the stream of motor vehicles and street-cars in the inner city from one bank to the other: the Deutzer bridge which stands almost exactly on the place where Emperor Constantine built the first permanent crossing over the Rhine in 310; the Severins bridge a little farther south, named after Saint Severin, one of Cologne's city patrons which, with its unusual triangular pylon, can be seen from afar; the Zoo bridge and the Mülheimer bridge. They are all frequently loaded to capacity since almost one million people live in Cologne and the traffic is correspondingly heavy.

Sur le territoire même de la ville de Cologne, huit ponts relient la rive gauche à la rive droite du Rhin, marquant de leur présence le paysage urbain. Le Rodenkirchener Brücke, le plus au sud, et le Merkenicher Brücke, le plus au nord, permettent au périphérique autoroutier encerclant Cologne de franchir le Rhin. Le Südbrücke est exclusivement réservé au trafic ferroviaire, de même que le Hohenzollernbrücke qui voit passer plus de mille trains par jour. Quatre ponts assurent la liaison entre les deux rives pour les véhicules automobiles et les tramways: le Deutzer Brücke, dont l'emplacement correspond assez précisément au premier ouvrage en dur enjambant le Rhin que fit construire l'empereur Constantin en l'an 310, le Severinbrücke, au sud du premier et tout proche, pont auquel on a donné le nom de saint Séverin l'un des saints patrons de Cologne et que ses caractéristiques pylônes triangulaires permettent de repérer de loin, le Zoobrücke et le Mülheimer Brücke. Tous ces ponts sont bien souvent utilisés jusqu'au maximum de leur capacité dans cette ville de près d'un million d'habitants.

Otto ponti collegano la parte sinistra con quella destra del Reno sul territorio cittadino e formano parte del panorama della metropoli. Il ponte di Rodenkirchen, quello piú meridionale e quello di Merkenich in corrispondenza il piú settentrionale servono a completare la circonvallazione autostradale di Colonia e del Reno. Il ponte Südbrücke serve esclusivamente al traffico ferroviario come anche la Hohenzollernbrücke sulla quale giornalmente passano piú di mille treni. Quattro ponti invece fanno da tramite per il traffico delle macchine e dei tramvai cittadini tra le due sponde fluviali: il ponte Deutzer Brücke, che all'incirca è sorta sul luogo, ove nel lontano 310 l'imperatore Costantino fece erigere il primo passaggio stabile del Reno; il ponte Severinsbrücke poco a sud, nominata secondo uno dei patroni cittadini, ci attrae con il pilone triangolare inusitato, che si vede già da lontano, il ponte dello Zoo e quelle di Mülheim. Tutti i ponti spesso sono al limite della loro capacità massima, vivendo a Colonia circa un milione di persone con il relativo traffico.

37 Das Denkmal Friedrich Wilhelms IV.

Die Hohenzollernbrücke entstand 1855 bis 1859 als erster fester Rheinübergang seit der konstantinischen Brücke und hieß zunächst Dombrücke. Auch bei ihrem Bau hatten die Preußen die Hand im Spiel, genauer König Friedrich Wilhelm IV. Er ordnete an, daß der Rheinübergang für die Eisenbahn genau in der Domachse zu verlaufen habe. Sein Denkmal steht an der rechten Rheinseite und mit ihm flankieren die Reiterstatuen dreier anderer preußischer Potentaten die Hohenzollernbrücke: auf der Deutzer Seite Kaiser Wilhelm I., auf der linksrheinischen Seite Kaiser Friedrich III. und Kaiser Wilhelm II. Dabei war das Verhältnis zwischen Kölnern und Preußen nie besonders herzlich. Köln als alte, selbstbewußte freie Reichsstadt hatte mit dem preußischen Obrigkeitsstaat, zu dem es 1815 geschlagen wurde, stets seine Probleme. Besonders übel haben die Kölner genommen, daß nach 1815 nicht ihre Stadt, sondern das kleine Koblenz Hauptstadt der preußischen Rheinprovinz wurde, und daß die Universität, Kölns ganzer Stolz, nicht wiedereröffnet wurde. Statt dessen erhielt Bonn eine neue Universität, und erst 1919 konnten die Kölner unter Oberbürgermeister Konrad Adenauer ihre Hochschule wieder eröffnen.

37 The Monument to Friedrich Wilhelm IV

The Hohenzollern Bridge was built in 1855 to 1859 and was at first called the Cathedral Bridge. Prussia had a hand in its building – or, to be precise, King Friedrich Wilhelm IV did. He ordered that the Rhine crossing for the railway should run exactly on the axis of the cathedral. His monument stands on the right side of the Rhine, and the Hohenzollern bridge is flanked by the equestrian statues of three other Prussian rulers: on the Deutz side Emperor Wilhelm I, on the left bank Emperor Friedrich III and Emperor Wilhelm II, whereby the relationship between Cologne and Prussia was never particularly cordial. Cologne as an old, proud Free Imperial City always had problems with the authoritarian State of Prussia, to which it ceded in 1815. The people of Cologne took great offence when after 1815 the little town of Coblenz was made capital of the Prussian Rhine province and not their city, and that the university, the pride of Cologne, was not reopened. Instead Bonn received a new university and only in 1919, under their mayor Konrad Adenauer, could the citizens of Cologne open their university once more.

37 Le monument à Frédéric Guillaume IV

Initialement nommé Dombrücke (pont de la cathédrale), le Hohenzollernbrücke, 1855–1859, fut le premier pont construit sur le Rhin depuis l'époque de Constantin. C'est le roi de Prusse Frédéric Guillaume IV qui a ordonné que ce pont ferroviaire soit placé dans l'axe de la cathédrale. Le monument élevé à ce roi se dresse sur la rive droite du Rhin, faisant pendant aux statues équestres des trois empereurs prussiens : Guillaume Ier, sur la même rive mais vers Deutz, Frédéric III et Guillaume II sur la rive gauche. Les rapports entre Cologne et la Prusse n'ont pourtant jamais été bien chaleureux. Ancienne ville libre d'Empire, Cologne l'orgueilleuse a toujours eu de la peine à accepter le régime autoritaire de l'Etat prussien auquel elle fut rattachée en 1815. Les habitants de Cologne ont tout particulièrement mal supporté que, après 1815, ce ne soit pas leur ville, mais la petite Coblence, qui fût choisie comme capitale de la province prussienne des pays rhénans et que l'Université, orgueil de Cologne, restât fermée alors que Bonn se voyait doter d'une nouvelle université. Les habitants de Cologne ont dû attendre jusqu'en 1919 pour que leur Université ouvre de nouveau ses portes, sous le mandat de leur maire Konrad Adenauer.

37 Monumento a Friedrich Wilhelm IV

Il ponte di Hohenzollern fu eretto dal 1855 al 1859 col nome di ponte del Duomo come primo passaggio fluviale stabile, dopo il ponte di Costantino. Anche in questa costruzione i prussiani erano coinvolti, per l'esattezza il re Friedrich Wilhelm IV. Egli ordinò che l'asse del ponte ferroviario doveva essere centrato con il Duomo. Il suo monumento si staglia sulla sponda destra del Reno assieme ad altri tre potentati prussiani a cavallo a lato del Hohenzollernbrücke. Dal lato di Deutz l'Imperatore Wilhelm I, sulla sponda sinistra del Reno l'Imperatore Friedrich III e l'Imperatore Wilhelm II. Ciò nonostante le relazioni tra Colonia ed i prussiani erano mai stati molto cordiali. Colonia, l'antica orgogliosa libera città dell'Impero con lo stato autoritario della Prussia, alla quale fu soggetta nel 1815, ebbe sempre dei problemi. Particolarmente offesi furono gli abitanti di Colonia dopo aver saputo che non la loro città, ma la piccola Coblenza era destinata a capitale della provincia della Renania prussiana e che l'università di Colonia, uno dei punti d'orgoglio, doveva rimanere chiusa. Invece Bonn ottenne l'università e soltanto nel 1919 sotto il sindaco Konrad Adenauer l'ateneo di Colonia potè nuovamente aprire i suoi battenti.

38 Alt St. Heribert in Deutz

38 Old St Heribert in Deutz

38 Vieux-Saint-Héribert de Deutz

38 Chiesa Alt St. Heribert di Deutz

Die ehemalige Abtei Alt St. Heribert auf der Deutzer Seite wurde im Jahre 1020 von Erzbischof Heribert gegründet und geweiht. Hier wurde er auch ein Jahr darauf begraben. Kirche und Abtei wurden immer wieder zerstört, das rechte Rheinufer war umkämpft, denn die stolzen Kölner ließen es nicht zu, daß sich dort auf der anderen Seite eine andere Macht dauerhaft stabilisierte, die der Stadt hätte gefährlich werden können. Im Dreißigjährigen Krieg wurde die Anlage vollständig in Trümmer gelegt und danach – eine Seltenheit für Köln – im barocken Stil wiederaufgebaut. Die Kirche wird renoviert und ist für die Öffentlichkeit momentan nicht zugänglich. In den ebenfalls nach dem Zweiten Weltkrieg wieder instandgesetzten Bauten der einstigen Abtei befindet sich heute ein Altersheim. Alt St. Heribert und das benachbarte Hochhaus, in dem die Hauptverwaltung der Deutschen Lufthansa ihren Sitz hat, wirken vom linken Rheinufer aus als einheitlicher Kontrastpunkt zur Altstadt. Tradition und Moderne, das Kölner Grundthema an so vielen Ecken der Stadt, sind hier überzeugend miteinander versöhnt.

The former abbey of Old St Heribert on the Deutz side of the river was founded and consecrated by Archbishop Heribert in 1020; he was also buried here a year later. The church and the abbey were frequently destroyed; the right bank of the Rhine was contested, since the proud inhabitants of Cologne did not permit another power which could have become a danger to the city to establish itself permanently on the other side. During the Thirty Years War the buildings were laid waste and afterwards – a rarity for Cologne – they were rebuilt in the Baroque style. Owing to renovation the church is not open to the public at present. In the buildings of the former abbey, which was restored after the Second World War, there is now a home for the elderly. From the left side of the Rhine, Old St Heribert and the neighbouring high-rise building which houses the head office of the German Lufthansa form a concerted point of contrast to the Old City. Tradition and modernity, the basic theme of so many corners in Cologne, are here convincingly reconciled with one another.

L'ancienne abbaye Vieux-Saint-Héribert, dans le faubourg de Deutz, a été fondée et consacrée en l'an 1020 par l'archevêque Héribert qui y fut enseveli un an plus tard. L'église et l'abbaye subirent d'incessantes destructions. Objet de convoitises, la rive droite du Rhin fut défendue avec acharnement par les fiers bourgeois de Cologne ne souffrant pas que s'établisse durablement en face de leur ville une autre puissance qui aurait pu devenir dangereuse. Pendant la guerre de Trente Ans, l'ensemble fut entièrement détruit, puis – chose rare à Cologne – reconstruit en style baroque. En cours de restauration, l'église est actuellement fermée au public. Restaurés après la Seconde Guerre mondiale, les bâtiments de l'ancienne abbaye abritent aujourd'hui une maison de retraite. Vus de la rive gauche du Rhin, Vieux-Saint-Héribert et l'immeuble tout proche, siège administratif de la Lufthansa, apparaissent comme le pendant architectural de la vieille ville, ensemble conciliant avec bonheur tradition et modernité, thème dominant en de si nombreux endroits de la ville.

L'ex Abbazia di Alt St. Heribert sulla sponda di Deutz fu fondata e consacrata nell'anno 1020 dall'arcivescovo Heribert. Un anno più tardi trovò qui la sua ultima dimora. La chiesa e l'abbazia furono diverse volte distrutte, la sponda destra del Reno spesso era luogo di battaglie, anche perché gli abitanti di Colonia non tollerarono nessuna potenza che voleva insediarsi sul Reno e diventar pericolosa alla città. Nella guerra dei Trent'anni l'impianto edile fu distrutto e più tardi – una eccezione a Colonia – ricostruito in stile barocco. In questi anni la chiesa è in restauro e non accessibile al pubblico. Gli edifici dell'abbazia, restaurati dopo la Seconda Guerra Mondiale oggi sono occupati da un ricoverso per anziani. Alt St. Heribert ed il vicino grattacielo, con la sede della Deutsche Lufthansa fanno – visti dal sponda sinistra del Reno, come contrafforte al centro storico. Tradizione e modernità, il motivo base della città di Colonia, che troviamo dappertutto qui viene interpretato in chiave di pacifica convivenza.

Die neuromanische Pfarrkirche Neu St. Heribert wird von den Kölnern meist »Deutzer Dom« genannt. Sie wurde Anfang der achtziger Jahre des vorigen Jahrhunderts gebaut, erlitt, wie so viele Kölner Gotteshäuser, im Krieg starke Zerstörungen und wurden im Zuge des Wiederaufbaus von Rudolf Schwarz modern und lebendig umgestaltet. Mittelpunkt der Kirche ist in jedem Sinne der Heribertschrein. Er ruht auf einer Art Tragaltar und birgt die Reliquien des heiligen Heribert, des engen Vertrauten Kaiser Ottos III. Heribert war Erzbischof von Köln und starb im Jahre 1021. Der Heribertschrein ist nicht minder sehenswert als der Dreikönigenschrein im Kölner Dom, ja, er ist sogar älter als dieser, von rheinischen Goldschmieden geschaffen.

The neo-Romanesque parish church of New St Heribert is mostly referred to by the inhabitants of Cologne as the »Deutzer Cathedral«. It was built at the beginning of the 1880s and, like so many of the churches in Cologne, was badly damaged during the war. In the course of rebuilding it was altered in a modern, lively way by Rudolf Schwarz. The Heribert shrine is the centre of the church in every sense; it stands on a sort of portable altar and contains the relics of Saint Heribert, the confidant of Emperor Otto III. Heribert was archbishop of Cologne and died in the year 1021. The Heribert shrine is no less worth a visit than the Shrine of the Magi in Cologne cathedral, in fact it is actually older than the latter and was made by Rhenish goldsmiths.

L'église paroissiale de Nouveau-Saint-Héribert, de style néoroman, est plus connue des habitants de Cologne sous le nom de «cathédrale de Deutz». Construite au début des années quatre-vingt du siècle dernier. Comme de nombreuses églises de la ville, elle a subi de graves dommages pendant la guerre et a été remaniée, lors de sa reconstruction par Rudolf Schwarz, dans un esprit de modernité et de vie. Le reliquaire de saint Héribert en forme le centre à tous points de vue. Reposant sur une sorte d'autel portatif, il abrite les reliques de saint Héribert, proche et confident de l'empereur Otton III, qui fut archevêque de Cologne et mourut en 1021. Ce reliquaire n'est pas moins intéressant que le reliquaire des Trois Rois de la cathédrale de Cologne. Réalisé par des orfèvres rhénans, il est même plus ancien que ce dernier.

La parrocchia neoromanica Neu St. Heribert dai cittadini di Colonia abitualmente viene chiamata »Duomo di Deutz«. Fu eretta negli anni ottanta dell'ultimo secolo e assieme a molti altri edifici della città gravemente danneggiata durante la guerra; la ricostruzione sul disegno di Rudolf Schwarz era moderna e vivace. Centro della chiesa era e rimane lo scrigno di Heribert. Posa su una specie di arca e contiene le spoglie del Santo Heribert, un consigliere dell'Imperatore Ottone III. Heribert era arcivescovo di Colonia e morí nell'anno 1021. L'omonimo scrigno è attraente almeno come quello dei Tre Re Magi nel Duomo di Colonia, anzi, creato da orafi della Renania è il piú antico.

Die Lagerhallen am Rheinauhafen sind ein Symbol für den regen Warenumschlag, der Köln reich und mächtig gemacht hat. Der Rhein selber war stets auch Handelsweg, und an seinen Ufern verliefen die uralten Verbindungen von der Nordsee zu den Alpen, von den Niederlanden nach Italien. Schon zu Zeiten der Römer wurde in Köln Weizen aus England und Wein aus dem Süden umgeschlagen und verkauft. Im Mittelalter wurde Köln durch das Stapelrecht zur reichsten Stadt in Deutschland. Es wurde ihr 1259 verliehen und blieb bis in die dreißiger Jahre des 19. Jahrhunderts in Kraft. In Köln endete die oberrheinische Schiffahrt und begann die niederrheinische. Alles, was Kaufleute am Rhein hinauf- oder hinabtransportierten, mußte in Köln ausgeladen und drei Tage lang Kölner Händlern zum Kauf angeboten werden. Verstöße gegen dieses Stapelrecht, etwa heimliches vorheriges Entladen der Schiffe und ein Landtransport der Güter um den Kölner Zoll herum, wurden vom Rat der Stadt unnachsichtig bestraft: Aus dem Stapelrecht bezog Köln seine ökonomische Existenz.

The warehouses at the Rheinau harbour are a symbol of the immense transshipment of goods which made Cologne rich and powerful. The Rhine itself had always been a trade route and the ancient connections from the North Sea to the Alps, from the Netherlands to Italy, ran along its banks. At the time of the Romans, wheat from England and wine from the south was already being transshipped and sold in Cologne. In the Middle Ages, through its staple right, Cologne became the richest city in Germany. It was granted in 1259 and remained in effect until the 1830s. The Upper Rhine navigation ended in Cologne and that of the Lower Rhine began here. Everything which merchants transported up or down the Rhine had to be unloaded and offered for sale to Cologne's traders for three days. Infringement of this staple right, such as the previous secret unloading of the ships and transport by land to avoid the Cologne customs, was severly punished by the city council: Cologne obtained its economic existence from the staple right.

Les docks du port de Rheinau témoignent de l'intensité des échanges de marchandises qui ont fait la richesse et la puissance de Cologne. Le Rhin lui-même a toujours été une voie commerciale et ses rives ont toujours servi de passage aux très anciennes routes allant de la mer du Nord aux Alpes, des Pays-Bas en Italie. Dès l'époque romaine, Cologne fut une place commerciale où l'on vendait le blé d'Angleterre et le vin des pays du sud. Au Moyen-Age, le «droit d'entrepôt» fit de Cologne la ville la plus riche d'Allemagne. Accordé en 1259, ce privilège resta en vigueur jusque dans les années trente du XIXe siècle. C'est à Cologne que se terminait la navigation sur le Rhin supérieur et que commençait la navigation sur le Rhin inférieur. Tout ce que les négociants transportaient vers l'amont ou vers l'aval devait y être déchargé et tenu à la disposition des marchands de Cologne pendant trois jours durant. Les infractions à ce droit d'entrepôt, par exemple le déchargement clandestin des bateaux avant la ville et son contournement par voie terrestre, furent rigoureusement poursuivies par le Conseil soucieux de défendre ce droit précieux pour la vie économique de la ville.

I magazzini del porto di Rheinau sono simbolo dello scambio delle merci, che di Colonia fece una città ricca e potente. Il Reno già da sempre era anche una via per le merci e lungo le sue sponde si svilupparono le strade importanti dal mare del nord alle alpi, dai Paesi Bassi in Italia. Già all'epoca dei romani a Colonia era in auge il commercio del frumento dall'Inghilterra e col vino proveniente dal Mediterraneo. Nel medioevo Colonia divenne a cause del diritto di magazzinaggio la città piú ricca della Germania. Questo privilegio le fu conferito nel 1259 ed era in vigore fino agli anni trenta dell'ottocento. A Colonia ancoravano tutte le navi del Reno Superiore come anche quelle del Basso Reno. Tutto le merci che viaggiavano sul Reno verso nord o verso sud, dovevano essere sbarcati a Colonia, ed essere offerti per tre giorni ai commercianti della città. Infrazioni a questa specie di dazio fluviale, come smerciare prima della città e aggirare la dogana comunale e tentativi simili venivano puniti severamente. Per Colonia era la fonte del suo benessere e significava l'esistenza economica.

41 Rheinpromenade auf der
Deutzer Seite

Die kleine Rheinpromenade auf
der Deutzer Seite, zwischen der
Deutzer und der Hohenzollernbrücke, bietet Grün am Rhein-
strom und einen der schönsten
Blicke auf die Altstadt Kölns. Jenseits der Hohenzollernbrücke
setzt sich die Promenade fort, sie
führt am Messegelände entlang
und erweitert sich in den Rheinpark mit seinem »Tanzbrunnen«,
einem besonders beliebten Naherholungsgebiet – nicht nur für die
rechtsrheinischen Kölner aus dem
eher industriell geprägten Kalk
und Mülheim oder aus Deutz.

41 Rhine Promenade on the
Deutzer Bank

The little Rhine Promenade on the
Deutzer side, between the Deutzer
and Hohenzollern bridges, offers
one of the most beautiful views of
the Old City of Cologne from the
green banks of the river. On the far
side of the Hohenzollern bridge
the promenade continues, leading
along the exhibition grounds and
broadening into the Rhine park
with its »Tanzbrunnen«, a favourite recreation area, not merely for
the inhabitants of the more industrial areas of Kalk and Mülheim on
the right bank of the Rhine or of
Deutz.

41 Promenade du Rhin
dans le faubourg de Deutz

La petite Promenade du Rhin, à
Deutz, entre le pont de Deutz et le
pont des Hohenzollern, offre ses
espaces verts au bord du fleuve et
l'une des plus belles vues sur la
vieille ville de Cologne. La Promenade se prolonge au-delà du pont
des Hohenzollern, longe de terrain
des Foires-Expositions et se perd
dans le Rheinpark (parc du Rhin),
avec sa fontaine de la Danse, lieu
de détente tout proche de la ville
et très fréquenté non seulement
des habitants de Cologne venant
de la rive droite du Rhin mais aussi
de Kalk et de Mülheim, faubourgs
plus industriels, ou de Deutz.

41 Passeggiata lungo il Reno
sulla sponda di Deutz

La piccola passeggiata lungo la
sponda del Reno dal lato di Deutz
tra l'omonimo ponte e quello di
Hohenzollern ci ristora col verde
dei prati e ci offre un raro panorama sul centro storico. Aldilà della
Hohenzollernbrücke continua il
lungofiume, passa accanto all'area
della Fiera e si allarga nel parco
Rheinpark con la »fontana di dan-
za«; il parco fu creato non soltanto
come area di ricreazione per gli
abitanti di questa sponda del Reno
con i loro paesi industrializzati di
Kalk, Mülheim o Deutz.

42 Die Kölner Messe

Konrad Adenauer, der erste Kanzler der Bundesrepublik Deutschland, verdiente sich seine politischen Sporen als Oberbürgermeister von Köln. Von 1917 bis 1933, als ihn die Nationalsozialisten aus dem Amt jagten, leitete er umsichtig die Geschicke der Domstadt. Sie verdankte ihm die Neugründung der 1794 von den Franzosen geschlossenen Universität, der ältesten bürgerlichen in Deutschland, im Jahre 1919. Adenauer ließ den Inneren und den Äußeren Grüngürtel anlegen, ein etliche Kilometer langes Naherholungsgebiet, für das ihm die Kölner noch heute dankbar sind. Und er gründete 1924 auf dem rechtsrheinischen Ufer die Kölner Messe. Auch ihr verdankt die Stadt ihren weltweiten Ruf. Mehr als vierzig verschiedene Messen – besonders die »Anuga«, die »Photokina« und die Möbelmesse – ziehen jeweils Hunderttausende Besucher in die Stadt. Der charakteristische Messeturm, von dessen Restaurant aus man einen grandiosen Blick auf Stadt und Rhein hat, ist längst ein Wahrzeichen des rechtsrheinischen Köln. Von diesem Turm aus malte Oskar Kokoschka 1956 sein Panorama-Bild von Köln: Dom, Stadt, Rhein und Hohenzollernbrücke. Es hängt im Wallraf-Richartz-Museum.

42 The Cologne Exhibition Ground

Konrad Adenauer, the first chancellor of the Federal Republic of Germany, began his political career as Mayor of Cologne. He prudently guided the destiny of the cathedral city from 1917 until 1933, when the Nazis forced him from office. He was responsible in 1919 for the refounding of the oldest civic university in Germany which had been closed by the French in 1794. Adenauer also had the inner and outer green belts laid out, a recreation area several miles long for which the people of Cologne still have reason to thank him. In 1924 he founded the Cologne Trade Fair on the right-hand bank of the Rhine. The city owes him its international reputation. More than forty different trade fairs, in particular the »Anuga«, the »Photokina« and the furniture exhibition, each draw hundreds of thousands of visitors to the city. The characteristic exhibition tower, from the restaurant of which one has a superb view over the city and the Rhine, has become a landmark of right-bank Cologne. From this tower Oskar Kokoschka painted his panorama of Cologne in 1956: cathedral, town, Rhine and Hohenzollern bridge. It hangs in the Wallraf-Richartz-Museum.

42 La Foire de Cologne

Premier chancelier de la République Fédérale d'Allemagne, Konrad Adenauer a fait ses premières armes en politique en qualité de maire de Cologne. Avec toute la circonspection qu'on lui connaît, il a tenu en main les destinées de la ville de 1917 à 1933, année où les national-socialistes le démirent de ses fonctions. Cologne lui doit la réouverture (1919) de son Université fermée en 1794 par les Français, la plus ancienne université bourgeoise d'Allemagne. C'est lui qui a fait aménager les ceintures vertes intérieures et extérieures, lieu de détente s'étirant sur plusieurs kilomètres qui lui vaut encore la reconnaissance des habitants de Cologne. Et, en 1924, il a fondé la Foire de Cologne, sur la rive droite du Rhin, à laquelle la ville doit en partie sa réputation internationale. Plus de quarante foires différentes – en particulier l'«Anuga», la «Photokina» et la foire-exposition de l'ameublement – attirent dans la ville des centaines de milliers de visiteurs. La caractéristique tour de la Foire, avec son restaurant offrant une vue grandiose sur la ville et le Rhin, est devenue l'un des emblèmes de Cologne. C'est de cette tour qu'Oskar Kokoschka a peint, en 1956, son panorama de Cologne, qui se trouve aujourd'hui au Wallraf-Richartz-Museum.

42 La Fiera di Colonia

Il primo cancelliere della Germania Federale del dopoguerra, Konrad Adenauer si era fatto le ossa come sindaco di Colonia. Dal 1917 al 1933 condusse con accorgimento i destini della città, allorché i nazisti lo costrinsero a dimettersi dal suo ufficio. Gli si deve la riapertura dell'università, proibita nel 1794 dai francesi, l'ateneo borghese più antico della Germania nel 1919. Adenauer fece erigere la circonvallazione interna ed esterna con giardini, un parco di ricreazione lungo diversi chilometri, per il quale ancor oggi i cittadini gli sono grati. Nel 1924 fondò sulla sponda destra del fiume la Fiera di Colonia, alla quale la città in gran parte deve la sua notorietà. Più di 40 esposizioni all'anno fra cui l'»Anuga«, la »Photokina« e la Esposizione del mobile, attirano ogni volta decine di migliaia di visitatori. La caratteristica torre della fiera con il ristorante offre uno splendido panorama sulla città e sul Reno e frattanto è diventata uno dei simboli della Colonia sulla sponda destra del Reno. Da questa torre il pittore Oskar Kokoschka dipinse nel 1956 il suo famoso quadro panoramico della città, che è esposto nel Wallraf-Richartz-Museum.

43 Blick vom Messeturm

43 View from the Exhibition Tower

43 Vue de la tour de la Foire

43 Panorama dalla Torre della Fiera

Köln, die Stadt am Strom, ist nach Berlin, Hamburg und München die viertgrößte Metropole der Bundesrepublik Deutschland. Doch den Sprung über die Millionengrenze wird sie so bald nicht schaffen, denn die Bevölkerungszahl geht stetig, wenn auch gering, zurück. Heute hat Köln rund 980 000 Einwohner, davon sind etwa 15 Prozent Ausländer. In der einst rein katholischen Stadt leben heute Katholiken und Protestanten nebeneinander. Noch immer hat Köln über zweihundert Kirchen, und 400 000 hier zugelassene Autos sorgen für das tägliche Verkehrschaos. Bis zu 25 Millionen Touristen pro Jahr zieht es – viele freilich auch nur für eine Tagesreise – in die Dom- und Kunststadt. Sie bringen über die Gastronomie und den Einzelhandel Milliarden Mark in den Kölner Wirtschaftskreislauf.

Cologne, the city on the river, is the fourth largest metropole in the Federal Republic of Germany after Berlin, Hamburg and Munich. However it will not reach the million mark so soon since the number of its inhabitans is steadily decreasing by small degrees. Today Cologne has 980,000 inhabitants of which about fifteen per cent are foreigners. In a city which was once totally catholic, the proportion of catholics to protestants is now more or less even. Cologne still has more than two hundred churches, and the 400,000 registered motor vehicles ensure the daily traffic chaos. Each year up to 25 million tourists are drawn to the city of cathedral and the arts – some admittedly only for the day. Through gastronomy and retail trade they bring billions of marks into circulation in Cologne's economy.

Quatrième métropole de République Fédérale d'Allemagne par sa taille, après Berlin, Hambourg et Munich, Cologne, la ville sur le fleuve, n'est cependant pas près de franchir le cap du million d'habitants car sa population diminue, de très peu sans doute, mais constamment. Aujourd'hui, Cologne compte quelque 980 000 habitants, dont environ 15 pour cent d'étrangers. Dans cette ville jadis entièrement catholique, il y a aujourd'hui autant de protestants que de catholiques. A Cologne, on compte toujours plus de deux cent églises et les 400 000 voitures immatriculées dans la ville y assurent un chaos quotidien. Ville épiscopale et ville des arts, Cologne attire jusqu'à 25 millions de touristes par an – et même s'il n'y restent souvent qu'un seul jour, ils injectent des milliards de marks dans l'économie de la ville, par le biais de la restauration et du commerce de détail.

Colonia la città alle sponde del fiume, dopo Berlino, Amburgo e Monace è la metropoli piú grande della Germania Federale. Il superamento della cifra magica di un milione di abitanti però cosí presto non si farà, giacché la popolazione è in diminuzione, anche se soltanto di poco ma di continuo. Oggi comporta 980.000 abitanti, di cui circa il 15% sono stranieri. Della città che fu esclusivamente cattolica oggi la metà degli abitanti sono di confessione protestante. Ancor oggi Colonia si vanta di piú di 200 chiese e 400.00 automobili targate Colonia provocano il giornaliero caos del traffico. Circa 25 milioni di turisti annualmente visitano la città d'arte e del Duomo, di cui molti si fermano soltanto una unica giornata. Alla gastronomia ed ai negozi questi turisti portano miliardi di marchi all'anno e sono un fattore economico non indifferente per la città.

44 Das Severinstor

Das Severinstor ist eines der drei noch übriggebliebenen Stadttore der mittelalterlichen Mauer, die Köln auf einer Länge von mehr als acht Kilometer umfaßte. Einst waren es zwölf Tore, in Analogie zum himmlischen Jerusalem, als dessen Abbild das »heilige« Köln sich sah. Die Stadtmauer mit ihren Befestigungswerken und Gräben entstand zwischen 1180 und 1220 als Folge der dritten Stadterweiterung. Sie war und blieb die größte zusammenhängende Stadtbefestigung in Europa, bis die Kölner sich Ende des 19. Jahrhunderts, als die Stadt infolge der Industrialisierung stürmisch wuchs, von ihr derart eingeengt fühlten, daß sie sie abrissen. Neben den drei Toren, zum Süden das Severinstor, dem Westen zugewandt das Hahnentor und nach Norden hin das Eigelsteintor, sind nur noch wenige Überreste der Mauer erhalten, so am Sachsen- und am Hansaring. Das viergeschossige Severinstor ist innen restauriert und dient teilweise der Gastronomie: jeder Bürger kann die Räume für Festlichkeiten mieten und in mittelalterlichem Ambiente feiern.

44 Severins Gate

Severins Gate is one of the three remaining city gates of the mediaeval walls, over five miles long, which surrounded Cologne. At one time there were twelve gates, analogous to the heavenly Jerusalem, of which »holy« Cologne considered itself to be an image. The City Walls with their fortifications and ditches were built between 1180 and 1220 as a result of the third extension of the city. They were and remained the largest continuous town fortifications in Europe until, at the end of the C 19 when the city grew so rapidly in the course of industrialization, the inhabitants of Cologne felt themselves so trapped in by them that they were pulled down. Apart from the three gates, Severins gate to the south, Hahnen gate to the west and Eigelstein gate to the north, there are only a few traces of the walls to be found, at Sachsen ring and at Hansa ring. The interior of the four-storeyed Severins gate has been restored and part of it has been given over to gastronomy: any citizen may hire the rooms for festivities and celebrate in mediaeval surroundings.

44 La porte de Séverin

La porte de Séverin est l'une des trois portes de la ville existant encore, vestige de l'enceinte médiévale qui entourait Cologne sur une longueur de plus de huit kilomètres. Jadis, il y avait douze portes, comme dans la céleste Jérusalem à l'image de laquelle se voulait la Cologne «sacrée». L'enceinte de la ville, avec ses ouvrages fortifiés et ses fossés, fut édifiée entre 1180 et 1220. C'était la troisième fois que la ville se dotait d'une enceinte plus large. Celle-ci était et resta le plus grand ouvrage fortifié construit autour d'une ville en Europe. Jusqu'à la fin du XIXe siècle où, se sentant tellement à l'étroit en raison de l'expansion sauvage de la ville à l'époque de l'industrialisation, les habitants de Cologne la rasèrent. Hormis ces trois portes, le Severinstor au sud, le Hahnentor à l'ouest et le Eigelsteintor au nord, il n'en reste que quelques rares vestiges, par exemple sur le Sachsenring et le Hansaring. Edifice à quatre étages, la porte Séverin a été restaurée, à l'intérieur également, et une partie des locaux affectés à la restauration et à la location de salles pour fêtes et banquets.

44 Il portone cittadino Severinstor

Il portone Severinstor è uno dei tre portoni cittadini rimasti dalle mura di cinta medievali, che circondarono la città per la lunghezza di piú di otto chilometri. In origine erano dodici portoni cittadini, in corrispondenza con quelli di Gerusalemme, della quale Colonia già da sempre si sentiva come città gemella. Le mura cittadine ed i bastioni e le fossa furono costruite tra il 1180 ed il 1220 in seguito al terzo ampliamento urbanistico. Era e rimase il piú grande bastione cittadino in Europa, finchè gli abitanti di Colonia verso la fine dell'ottocento lo demolirono, essendo divenute le mura di cinta troppo strette a causa dell'espansione industriale della città. Soltanto i portoni Severinstor verso sud, il Hahnentor verso ovest e verso nord l'Eigelsteintor o poche rovine della muraglia presso il Sachsenring ed il Hansaring sono rimasti in piedi. Il Severinstor a quattro piani è stato restaurato all'interno ed adibito a ristorante. Ogni cittadino ha la possibilità di affittare una sala per festeggiamenti e di godersi l'ambiente medievale.

Das Viertel um St. Severin, also das Herz der sogenannten Kölner Südstadt, ist eines der buntesten und lebendigsten. Hier leben besonders viele ausländische Kölner, und türkische, italienische, griechische Läden und Restaurants prägen die Gegend. Köln hat nach Berlin den höchsten Anteil türkischer Mitbürger. Etwa 50 000 von ihnen leben in der Domstadt, die ja, was angesichts ihrer weltweiten Bedeutung als Stadt der Kunst und der Kirchen oft vergessen wird, auch der drittstärkste engere Wirtschaftsraum in der Bundesrepublik Deutschland ist. Er hat schon früh in den sechziger Jahren besonders viele ausländische Arbeitskräfte angezogen und bis heute gebunden. Probleme gab und gibt es in Köln auch, aber die offene, tolerante Mentalität der Kölner wirkt entschärfend und integrierend. Hier wirkt sich aus, daß die einst freie Reichsstadt Köln immer Fremde, Kaufleute, Händler, Handwerker in ihren Mauern beherbergte, und daß die Kölner Bürger über diese Mauern hinaus in die Welt schauten. So kann Köln sich heute mit Fug und Recht rühmen, die europäischste der deutschen Großstädte zu sein – ein kostbares Erbe einer aufgeschlossenen Tradition.

The district around St Severin, the heart of the so-called Cologne south town, is one of the most colourful and lively. Here many of Cologne's foreign inhabitants live, and Turkish, Italian and Greek shops and restaurants have fashioned the area. After Berlin, Cologne has the largest number of Turkish inhabitants. Roughly 50,000 of them live in the cathedral city, which is the third most important concentrated industrial area in the Federal Republic of Germany, a fact often forgotten on account of its worldwide importance as a city of art and churches. Already in the 60s it attracted a great number of foreign workers who have remained until today. There are and always have been problems in Cologne, but the open, tolerant mentality of its citizens has a neutralizing and integrating effect. The fact that as a former Free Imperical City Cologne always housed merchants, traders and craftsmen within its walls and that the inhabitants of Cologne looked out over these walls into the world makes a difference. Cologne today can rightfully claim to be the most European of all German cities – the precious inheritance of an open-minded tradition.

Le quartier entourant l'église Saint-Séverin, au cœur de ces quartiers sud, est l'un des plus colorés et des plus vivants. C'est là que vit un nombre particulièrement important d'habitants d'origine étrangère et le paysage urbain est marqué par les boutiques et restaurants turcs, italiens ou grecs. Cologne possède la proportion de citoyens turcs la plus élevée après Berlin. Quelque 50 000 Turcs vivent dans cette ville épiscopale dont on oublie souvent, en raison de son importance internationale de ville des arts et des églises, que c'est aussi le troisième grand centre économique de R. F. A. Dès le début des années soixante, la ville a attiré une main-d'œuvre étrangère particulièrement nombreuse qui s'y est durablement établie. Il y a eu et il y a des problèmes à Cologne comme ailleurs mais l'esprit d'ouverture et de tolérance des habitants de Cologne les désamorce et favorise l'intégration. Cela tient au fait que Cologne, ancienne ville libre d'Empire, a toujours accueilli dans ses murs des étrangers, négociants, marchands et artisans, et que les citoyens de Cologne ont toujours eu un regard sur le monde au-delà de ces murs. C'est ainsi que Cologne peut aujourd'hui se féliciter à juste titre d'être la plus européenne de toutes les grandes villes allemandes – précieux héritage d'une tradition d'ouverture.

Il rione che attornia San Severino, cioè il centro del meridione cittadino, la Südstadt, è uno dei piú coloriti e vivaci. Qui vivono estremamente tanti stranieri ed i negozi e ristoranti gestiti da italiani, turchi o greci accentuano il carattere meridionale del rione. Colonia è seconda solo a Berlino per quanto riguarda la percentuale di cittadini turchi. Circa 50.000 vivono nella città del Duomo, fatto che spesso viene dimenticato, citando Colonia come città d'arte e delle chiese di fama mondiale; è terza come centro economico della Germania Federale ed aveva già agli inizi degli anni sessanta attirati molti lavoratori dall'estero, che sono rimasti fino ad oggi. Anche a Colonia sono sorti dei problemi, ma la mentalità tollerante, aperta e gioviale degli abitanti ha ammansito gli screzi e rappacificati gli umori. Si vede, che Colonia fu città libera dell'Impero: un'esperienza secolare di contatti con gli stranieri, gente che come commercianti, artigiani e mediatori abitavano entro le mura; gli indigeni di Colonia perció guardavano da sempre verso l'estero, verso il mondo. Colonia a buon diritto oggi può vantarsi di essere la metropoli piú europea della Germania – erede di una tradizione di liberalità e tolleranza.

Es ist das letzte der einst so prächtigen barocken Bürgerhäuser an der Severinstraße, die als Fortsetzung der Hohen Straße in südlicher Richtung aus dem alten Köln herausführt. »Haus Balchem« heißt es erst seit der Jahrhundertwende, als hier die Familie Balchem eine Brauerei betrieb. Sein erster Name, den es seit der Gründung im Jahre 1676 trug, lautete »Zum Goldenen Bären«. Die Wirkung der Fassade mit ihrer Aufschrift »Soli Deo Glora« war früher größer, da es lange Zeit kein bauliches Gegenüber auf der schmalen Severinstraße gab; denn dort lag damals nur der ausgedehnte Garten des Severinsstiftes und erlaubte den freien Blick auf das Haus. Heute herrscht hinter seinen Mauern nicht das lautfeuchte Treiben eins Brauhauses, sondern die eher introvertierte Atmosphäre der Stadtbücherei. Das Haus, das im Kriege bis auf die Grundmauern niederbrannte und danach wiedererrichtet wurde, soll in Zukunft der Volkshochschul- und Jugendbildungsarbeit der Stadt dienen. Der kurze Versuch, wieder ein Brauhaus mit Ausschank zu etablieren, ist hier, in der Südstadt mit ihrer so ganz andersartigen Kneipenszene, fehlgeschlagen.

This is the last of the once-splendid Baroque houses on Severinstraße, which leads out of old Cologne towards the south as a continuation of the High Street. It has only been called »House Balchem« since the turn of the century, when the Balchem family ran a brewery here. Its original name, which dated from its foundation in the year 1676, was »Zum Goldenen Bären«. The inscription on the façade, »Soli Deo Gloria«, used to have a far greater effect, since for a long time there was no building on the opposite side of Severinstraße; in those days there was only the spacious garden of the Severin monastery which permitted an uninterrupted view of the house. Today behind its walls there is no longer the loud merry-making of a beer-hall but the more introverted atmosphere of the city library. The house, which was burnt to the ground during the war and was afterwards rebuilt, is to be devoted to City Adult Education and Youth Work in the future. A brief attempt to re-establish a brewery with bars did not succeed here in the southern part of the city with its totally different type of drinking scene.

C'est la dernière de ces splendides maisons bourgeoises de style baroque qui bordaient jadis la Severinstrasse, rue prolongeant la Hohe Strasse vers le sud. Elle s'appelle ainsi depuis le tournant du siècle seulement, depuis que la famille Balchem y a installé une brasserie. Auparavant, elle s'était appelée «A l'Ours d'Or». L'effet produit par sa façade portant l'inscription «Soli Deo Gloria» était autrefois bien plus saisissant, alors qu'aucune construction ne lui faisait face dans cette rue étroite longeant les vastes jardins de la collégiale de Saint-Séverin qui laissèrent longtemps la vue libre sur cette maison. Aujourd'hui, ses murs n'abritent plus l'agitation bruyante d'une brasserie mais l'ambiance plus feutrée de la Bibliothèque Municipale. Détruit pendant la guerre et restauré, cet édifice sera affecté par la municipalité à l'Université Populaire et à la formation des jeunes. En effet, la tentative d'y établir une brasserie avec débit de bière s'est soldée par un échec rapide, dans ces quartiers sud de la ville où le public a d'autres exigences.

Ormai è l'ultima delle belle case borghesi, che una volta accompagnavano le Severinstrasse, il proseguimento della Hohe Strasse in direzione meridionale, uscendo dalla Colonia antica. Soltanto verso la fine del secolo scorso ebbe il nome di »Casa Balchem«, allorchè la famiglia Balchem istituí una fabbrica di birra. Il primo nome, dalla fondazione nell'anno 1676 era »Zum goldenen Bären« (Orso aureo). L'effetto della facciata con la scritta »Soli Deo Gloria« a quei tempi era molto piú vistoso non essendoci una facciata di fronte nella stretta via Severinstrasse: in quei tempi vi si estendeva il vasto giardino della collegiata di San Severino ed apriva il panorama sulla facciata decorata. Oggi non sentiamo piú il chiassoso viavai delle sale della birreria ma vige il silenzio raccolto di una biblioteca comunale. La casa, che nella guerra fu distrutta da un incendio e fu ricostruita sulle antiche fondamenta, in futuro dovrà servire al comune come università popolare e come convegno per i giovani. Per un breve periodo si voleva rifarne una birreria, un tentativo fallito in questo rione meridionale con una struttura di abitanti, tanto differente dal centro.

47 Bürgerhaus der Gründerzeit

Der Krieg hat nicht mehr viele von ihnen übriggelassen: Die Bürgerhäuser der Gründerzeit, wie sie überall die Straßen der Kölner Neustadt zierten, wurden zum großen Teil zerstört. Köln war immer eine Stadt der Bürger, Bürgersinn und Bürgermut waren die treibenden Kräfte in der Stadtgeschichte. Und wenn sich der Bürger in seinen Rechten und Vorrechten bedroht sah, wurde aus Bürgermut oft Rebellion. Schon Ende des 13. Jahrhunderts vertrieben die Kölner ihre Erzbischöfe, die ihnen zu selbstherrlich und mächtig geworden waren, aus der Stadt, so wie sie später als Bürger einer freien, nur dem Kaiser unterstehenden Reichsstadt ihre Privilegien gegen jede Macht zu verteidigen wußten. Erst die französische Revolutionstruppen zogen 1794 in die Stadt ein – sie wurde ihnen vom Stadtrat kampflos übergeben. Köln blieb unversehrt, und seine Bürger empfanden die zwanzig Jahre der Franzosenherrschaft, in der die einst freie Reichsstadt der französischen Republik einverleibt wurde, zumindest als erträglich. Die Preußen, die dann 1815 die Franzosen ablösten, waren weit weniger gelitten, und auch die Nationalsozialisten fanden im rheinischen Köln bei weitem nicht den Anklang und die breite Gefolgschaft, die andere Städte in Deutschland ihnen leisteten.

47 House of the Late Industrial Era

The war did not leave many of them intact: the large houses of the late industrial era which were to be found everywhere in the streets of the »New City« of Cologne were mostly destroyed. Cologne was always a city of burghers; public spirit and courage were the driving forces of the city's history. If the burgher felt his rights and privileges under threat, courage often turned to rebellion. At the end of the C13 the inhabitants of Cologne drove their archbishop out of the city since he had become too arbitrary and powerful for them. In later years, as a Free Imperial City only subject to the emperor, they knew how to defend their privileges against all forces. Only the troops of the French revolution were able to invade the city in 1794 – the city council surrendered without a fight. Cologne remained unscathed, and its citizens managed to endure the twenty years of French rule in which the former Free Imperial City became part of the French Republic. The Prussians who superseded the French were not as easily tolerated, and the Nazis also found less resonance and a smaller following in Rhenish Cologne than they did in other German cities.

47 Maison bourgeoise de la fin du siècle dernier

Rares sont celles qui ont été épargnées par la guerre, ces maisons bourgeoises datant de l'époque de la révolution industrielle qui faisaient partout l'ornement de la nouvelle ville. Cologne a toujours été une ville de bourgeois et le courage civique de ses habitants a toujours été le moteur de son histoire. Et chaque fois que le citoyen s'est senti menacé dans ses droits et ses privilèges, ce courage civique s'est transformé en rébellion. Dès la fin du XIIIᵉ siècle, les habitants de Cologne ont chassé leurs archevêques, devenus trop puissants et trop arbitraires à leur goût, et, par la suite, citoyens d'une ville libre d'Empire relevant de l'autorité du seul empereur, ils ont su défendre leurs privilèges contre tous les pouvoirs. Cependant, lorsque les troupes de la Révolution française entrèrent dans la ville, en 1794, le Conseil ne leur opposa pas de résistance. Cologne resta intacte et ses habitants jugèrent pour le moins supportable les vingt années de domination française. On supporta de moins bon gré les Prussiens, qui succédèrent aux Français en 1815, et les national-socialistes n'ont pas trouvé, à Cologne, une adhésion aussi grande, loin de là, que dans les autres villes d'Allemagne.

47 Casa borghese dell'epoca Gründerzeit

La guerra non ha risparmiato molte case della città costruite nello stile della Gründerzeit, cioè dell'inizio del nostro secolo, come se ne trovarono molta a Colonia. La città da sempre era una città della borghesia, senso comunitario ed esempi del coraggio civile si trovano spesso nella storia locale della città. E se un'abitante non vedeva rispettati i suoi diritti ed i suoi privilegi il coraggio spesso si trasformò in rebellione aperta. Già verso la fine del duecento i cittadini cacciarono dalla città i loro arcivescovi, che a loro avviso erano divenuti troppo prepotenti. Nello stesso modo seppero piú tardi, divenuti sudditi della città libera dell'Impero, responsabili solo all'Imperatore, difendere e conservare i loro privilegi. Soltanto le truppe francesi della rivoluzione entrarono nel 1794 nella città, che a loro fu resa senza opporre resistenza da parte del Gran Consiglio Comunale. Colonia non venne distrutta ed i cittadini sopportarono i vent'anni di occupazione francese, nei quali fecero parte della Repubblica Francese abbastanza bene. I prussiani, che seguirono nel 1815 i francesi erano molto meno benvisti; piú tardi il regime nazista nella città sul Reno trovo meno accoglienza e seguito che in altre città della Germania.

Wenn auch nach wie vor der Dom im Stadtbild Kölns dominiert, so prägen doch auch zahlreiche moderne Gebäude die Kunst- und Messestadt, die jährlich Millionen von Besuchern anzieht und fasziniert. So wurde im letzten Jahrzehnt eine ganze Reihe luxuriöser Hotelbauten errichtet. Neben den alteingesessenen Häusern im Schatten des Doms sind es internationale Konzerne, die hier städtebauliche Akzente setzen, wie das – im Foto abgebildete – Hyatt-Regency-Hotel, das Maritim-Hotel am Heumarkt, das Ramada im sanierten Friesenviertel oder das Interconti. Die jüngste »Kreation« ist der alte Wassertrum an Rande des Griechenmarktviertels. Wohl einmalig in Deutschland: hier wurde ein Industriedenkmal zu einem Luxushotel ausgebaut. Diese Bauten beleben und verändern meist auch ihr engeres Umfeld und geben den Kölner Bürgern das Gefühl, Kinder einer Weltstadt zu sein.

Even though the cathedral still dominates the town picture in Cologne, the many modern buildings have left their stamp on this city of art and of trade fairs, which attracts and fascinates millions of visitors each year. In the past decade a number of luxury hotels have been built. In addition to the old-established concerns in the shadow of the cathedral, international companies have set points of emphasis in the town-planning, such as the Hyatt-Regency Hotel – in the photo – the Maritim Hotel on the Heumarkt, the Ramada in the redeveloped Friesen district or the Interconti. The newest »creation« is the old water-tower at the edge of the Griechenmarkt district. It is absolutely unique in Germany: here a relic of the industrial era was converted into a luxury hotel. These buildings often enliven and change their immediate surroundings, and give the citizens of Cologne the feeling that they are natives of a metropole.

Si c'est toujours la cathédrale qui forme l'élément dominant de Cologne, l'aspect de cette ville des arts et des foires attirant et fascinant des millions de visiteurs chaque année est cependant marqué par de nombreux édifices modernes. Ainsi, au cours de la dernière décennie, bon nombre d'hôtels de luxe y ont été construits. Et, à côté des anciennes maisons groupées autour de la cathédrale, ce sont les sociétés internationales qui marquent de leur empreinte le paysage urbain avec, par exemple, l'hôtel Hyatt-Regency – notre photo –, l'hôtel Maritim sur le Marché au Foin, le Ramada dans le quartier restauré des Frisons ou l'Interconti. Innovation la plus récente en ce domaine, le vieux Château d'Eau, en bordure du quartier du Marché des Grecs, offre un exemple sans doute unique en Allemagne: un édifice industriel transformé en hôtel de luxe. Ces constructions animent et transforment leurs environs immédiats et ils donnent aux habitants le sentiment d'être les enfants d'une grande métropole.

Anche se da sempre il Duomo domina il panorama metropolitano, sono stati costruiti diversi edifici moderni nelle città d'arte e delle fiere, che annualmente attira ed affascina milioni di persone. Nell'ultimo decennio furono eretti una serie di lussuosi edifici alberghieri. Assieme alle case antiche nell'ombra del Duomo sono il multis internazionali che hanno posto gli accenti urbanistici sulla silhouette cittadina, con gli edifici Hyatt-Regency-Hotel, Maritim-Hotel sul Heumarkt, con il Ramada nel rinnovato quartiere Friesenviertel, o con l'Interconti. L'ultima »creazione« sarà la vecchia Torre d'acqua alla periferia del quartiere Griechenmarktviertel. Fatto unico in Germania: un monumento dell'epoca industriale sarà concepito come hotel di lusso. Questi edifici ravvivano e cambiano i loro dintorni e danno ai cittadini di Colonia la sensazione di vivere in una metropoli internazionale.

Der Typus des lichten Einkaufszentrums aus Glas und Eisenträgern, aus poliertem Marmor, hell, glitzernd, aufgelockert-freundlich, hat in Köln schon Anfang der achtziger Jahre Einzug gehalten – mit dem »Bazaar de Cologne«. So wurden ein eher fades Industrie-Verwaltungsgebäude und sein Hinterhof zu einer kleinen, geschmackvollen Attraktion: Boutiquen, Geschäfte, Cafés, Galerien, Bistros. Auch bei Kälte oder Regen sitzt und schlendert man »draußen«. Inzwischen hat Köln seinen Ruf als Einkaufsparadies mit weiteren dieser Zentren und Passagen gefestigt, auch wenn sie nicht alle gleichermaßen stark frequentiert werden. So bilden der Olivanden-Hof und die Neumarkt-Passage attraktive Alternativen zu den nahen Kaufhäusern, während die Kreishaus-Galerie zu Füßen des Interconti-Hotels in der eher elitären Umgebung von Antiquitäten-Geschäften und Galerien bis heute nicht zu einem Publikumsmagnet werden konnte – ganz im Gegensatz zum Inneren des Maritim-Hotels am Heumarkt mit seinen exquisiten Läden und Flaniermöglichkeiten.

The beginning of the eighties saw the first of a new type of shopping centre in Cologne, made of glass and iron framework with polished marble, bright and shining, relaxed and friendly – the »Bazaar of Cologne«. In this way a rather dull industrial administrative building and its back yard became a small, stylish attraction: boutiques, shops, cafés, galleries, bistros. Even when it is cold or raining one can sit or stroll »outside«. Meanwhile Cologne has established its reputation as a shopping paradise with more centres and arcades of this type, even though they are not all as well-frequented. The Olivanden Court and the Neumarkt Passage form attractive alternatives to the nearby stores, whilst the Kreishaus Gallery at the foot of the Interconti Hotel, in the rather exclusive environment of antique shops and galleries, has still not been able to draw a large clientele – quite the opposite of the interior of the Maritim Hotel on the Haymarket with its exquisite shops and covered walking-ways.

Ce genre de centre commercial – tout en lumière, verre, poutrelles métalliques, marbre poli, séduction et invitation à la flânerie – est apparu à Cologne dès le début des années quatre-vingts, avec le «Bazaar de Cologne». C'est ainsi qu'un édifice sans caractère et ses abords, intermédiaire entre le bâtiment administratif et la construction industrielle, a été transformé en un lieu séduisant avec boutiques, magasins, cafés, galeries, bistrots. Et, depuis, Cologne a continué de consolider sa réputation de paradis de la consommation en se dotant d'autres centres et passages de ce type plus ou moins fréquentés. Ainsi, le Olivanden-Hof et le Neumarkt-Passage offrent une alternative séduisante aux grands magasins tout proches alors que la galerie Kreishaus, au pied de l'hôtel Interconti, dans un quartier élitaire où se concentrent magasins d'antiquités et galeries d'art, n'a pas encore réussi à s'imposer – à l'encontre du centre commercial installé à l'intérieur de l'hôtel Maritim, sur le Marché au Foin, avec ses ravissantes boutiques invitant à la flânerie.

Il tipo del grande emporio, vasto, pieno di luce, costruito in vetro ed acciaio, con marmi politi, lucci-canti e chiari, la merce sapientemente piazzata, furono istituiti a Colonia già agli inizii degli anni ottanta: miglior esempio ne è il »Bazaar de Cologne«. Un edificio amministrativo industriale senza atmosfera col cortile posteriore divenne cosí una piccola multicolore attrazione: boutiques, negozi, caffé, antiquariati e bistros. Anche se fuori fa freddo o piove, si sta all'aperto sotto la cupola e si va a passeggio. Frattanto a Colonia diversi di questi paradisi per fare la spesa e gallerie simili sono stati inaugurati, anche se non tutti godono dei favori del pubblico. L'Olivanden-Hof e la Neumarkt-Passage sono delle alternative attraenti agli empori vicini, mentre la Kreishaus-Galerie ai piedi del Hotel Intercontinental fino ad oggi in mezzo ai negozi e lussuosi antiquariati non poté svilupparsi. L'interno del hotel Maritim, che si affaccia sul Heumarkt con negozi di gran lusso e con passeggiate invece è ben accettato.

St. Pantaleon ist die älteste der romanischen Kirchen Kölns. Ihr Westwerk mit den zwei markanten, schmalen Türmen wirkt massiv wie eine Burg. Das ehemalige Benediktinerstift liegt inmitten eines Parks, der bis heute erkennen läßt, welch großes Gelände einst zum Kloster gehörte. St. Pantaleon wurde im 10. Jahrhundert vom Kölner Erzbischof Bruno erbaut, der hier auch begraben liegt, und der ein Bruder Kaiser Ottos I. war. Es ist einer der bedeutendsten Bauten der ottonischen Zeit. Vieles deutet darauf hin, daß die Ottonen, unter deren Herrschaft Köln zum ersten Mal in seiner Geschichte zur Weltstadt wurde, diese Kirche besonders bevorzugt und geliebt haben. Kaiserin Theophanu, die Gattin Kaiser Ottos II., die den Kirchenbau sehr gefördert hat, liegt ebenfalls hier begraben. Im Innenraum, der wie kaum eine andere Kölner Kirche den Besucher zu Ruhe und Sammlung kommen läßt, fällt der für Köln ungewöhnliche spätgotische Lettner ins Auge, den Künstler aus Brabant zu Beginn des 16. Jahrhunderts schufen.

St Pantaleon is the oldest of Cologne's Romanesque churches. Its west front with the two striking narrow towers seems like a massive fortress. The former Benedictine foundation lies in the middle of a park which today still shows how much land the monastery once possessed. St Pantaleon was built in the C 10 by Archbishop Bruno of Cologne, who was a brother of the emperor Otto I. It is one of the most important buildings of the Ottonian era. There is every indication that this church was particularly privileged and beloved by the Ottonians, under whose rule Cologne became a city of repute for the first time in its history. The empress Theophano, the wife of Emperor Otto II, who greatly promoted church building, is also buried here. In the interior, which more than any other church in Cologne allows the visitor peace and composure, one's eye falls on the late-Gothic screen, a rarity for Cologne, created by craftsmen from Brabant at the beginning of the C 16.

Saint-Pantaléon est la plus ancienne des églises romanes de Cologne. Avec ses deux petites tours étroites caractéristiques, sa partie ouest a des allures de château-fort. Cette ancienne collégiale bénédictine se trouve au milieu d'un parc qui permet aujourd'hui encore de se faire une idée de l'importance des terrains qui appartenaient autrefois au monastère. Saint-Pantaléon a été construit au Xᵉ siècle à l'initiative de Bruno (enseveli en cette église), archevêque de Cologne et frère de l'empereur Otton Iᵉʳ. Dans cet édifice, l'un des plus importants de l'époque ottonienne, nombreux sont les indices témoignant de l'intérêt particulier des Ottoniens pour cette église, dynastie sous laquelle Cologne accéda pour la première fois au rang de métropole. L'impératrice Theophanu, épouse de l'empereur Otton II, qui encouragea activement la construction de cette église, y est également ensevelie. A l'intérieur, mieux fait pour le calme et le recueillement que celui de toute autre église de la ville, on remarque particulièrement un élément peu commun à Cologne, son jubé du gothique finissant réalisé par des artistes du Brabant, au début du XVIᵉ siècle.

St. Pantaleon è la chiesa romanica piú antica della città. Il coro occidentale con le due torri longilinei ha l'aspetto di un fortilizio. La fu collegiata benedittina si trova in mezzo ad un parco, che ancor oggi ci lascia intendere, quanto era grande l'area appartenente al convento. St. Pantaleon fu eretta nel 10. secolo dall'arcivescovo Bruno di Colonia, un fratello dell'Imperatore Ottone I, e che ha qui trovato la sua ultima dimora. E'uno degli edifici piú importanti del periodo cosidetto »di Ottone«. Molti indizi fanno supporre che la stirpe degli Ottoni, che di Colonia fecero per la prima volta una città importante in Europa, abbia prediletta ed amata particolarmente questa chiesa. L'imperatrice Theophanu, la moglie di Ottone II che fervidamente ha appoggiata la costruzione di questa chiesa, vi è sepolta. All'interno, che come nessun'altro offre pace e concentrazione al visitatore, si nota il portale atipico per la Colonia del tardogotico, che fu creato da un artista del Brabante all'inizio del 16. secolo.

An den »tollen Tagen« von Weiberfastnacht am Donnerstag vor Faschingssonntag, bis Karnevalsdienstag steht die Stadt unter dem Regime der Narren. Vom normalen Alltag ist dann nichts mehr zu spüren, und auch Behörden, Firmen und viele Geschäfte schließen meist. Jung und alt ist auf den Beinen, kostümiert und maskiert – einmal im Jahr ist Köln rundum »jeck«. Höhepunkt ist der Rosenmontagszug, der bei günstiger Wetterlage bis zu einer Million schunkelnder, ausgelassener Zuschauer anzieht. Die traditionellen Karnevalsvereine bestreiten ihn mit Prunkwagen und Musikkapellen, und das Weltgeschehen des verflossenen Jahres ist ebenso Ziel des rheinischen Spotts wie die Kölner Rathauspolitik. So fröhlich es im Straßenkarneval auch zugeht, so sehr er der kölnischen Lust, ganz aus sich herauszugehen und der rheinischen Toleranz, jeden so zu nehmen, wie er ist, entgegenkommt, so hat er doch auch eine andere Seite: Der Karneval ist heute eine perfekt organisierte und kommerzialisierte Massenveranstaltung und – so gesehen – inmitten aller Fröhlichkeit eine todernste Sache.

During the »mad days«, from the last Thursday of Shrovetide until Shrove Tuesday, the city is under the rule of the fools. Normal everyday life ceases to exist, and most government offices, firms and many shops are closed. Young and old are out and about – once a year Cologne is altogether »jeck« (crazy). The highpoint is the procession on the last Monday before Lent, which attracts up to a million swaying, high-spirited onlookers if the weather is fine. The traditional carnival clubs take part with decorated floats and bands, and world events of the past year are just as much the object of Rhenish mockery as local politics. Although the street carnival is such a merry occurrence and is admirably suited to the extrovert Cologne temperament and to the Rhenish tolerance which accepts people as they are, it still has another side: the carnival today is a perfectly organized and commercialized mass entertainment and – viewed like this – in the midst of all the revelling it is deadly serious.

Pendant les «jours fous», de la quinquagésime au mardi gras, la ville est livrée aux agissements des «fous». Plus rien alors ne rappelle le quotidien ordinaire et administrations, entreprises et nombre de magasins ferment leurs portes. Petits et grands, tous sont dans la rue, costumés et masqués – une fois par an tout Cologne est «jeck» …en folie. Le point culminant, c'est le cortège du lundi gras qui, lorsque le temps se met de la partie, attire jusqu'à un million de spectateurs égayés et prêts à toutes les extravagances. Les traditionnelles associations de carnaval défilent, avec leurs chars d'apparat et leurs fanfares, et pas un événement de l'année politique, pas un édile de la ville n'échappe au persiflage rhénan. Si ce carnaval fait régner la gaieté dans la rue, s'il est bien dans le tempérament des habitants de Cologne d'y trouver l'occasion de «s'éclater» pour de bon et de pratiquer cette fameuse tolérance rhénane qui leur fait accepter chacun tel qu'il est c'est aujourd'hui, une manifestation de masse parfaitement organisée et commercialisée et – donc – l'affaire la plus sérieuse du monde.

Negli ultimi giorni del carnevale, dal giovedi delle erbivendole fino al martedi grasso, la città è in balía dei matti. La maggior parte degli uffici, dei negozi di ogni genere e persino gli uffici statali in queste giornate hanno chiuso i battenti. Giovani e vecchi, tutti sono in istrada, con costumi fantasiosi od almeno in maschera, una volta all'anno tutti a Colonia si comportano da matti. Apice delle festività è il corteo del cosidetto lunedi delle rose, che – tempo permettendo – viene seguito da piú di un milione di spettatori, che ballando in istrada si divertono. Le società carnevalesche tradizionali allestiscono questa parata di fantasiosi carri, che commentano in chiave ironica gli eventi politici sia internazionali che comunali e presentano le loro bande musicali a divertimento degli spettatori. Anche se questa festa popolare all'aperto corrisponde perfettamente all'indole gaia e tollerante degli abitanti della Renania, il carnevale oggi è uno spettacolo di massa, un grande affare, organizzato e commercializzato e sotto questo punto di vista una cosa molto, ma molto seria.

»Kölle Alaaf!« Wenn der Schlachtruf Zehntausender von Narren – in Köln heißen sie »Jekken« – durch die Straßen der Domstadt hallt, kehrt Köln seine offenste, fröhlichste Seite heraus. Der Karneval ist mehr als nur ein paar Tage ausgelassene, laute Fröhlichkeit. Im Karneval manifestiert sich die ur-kölnische Philosophie, daß das Leben nur Sinn hat, wenn es ab und zu durch Unsinn gewürzt wird.

Kölle alaaf! When the war-cry of tens of thousands of merry-makers – called »Jecken« in Cologne – echoes through the streets of the cathedral city, Cologne shows its most open and cheerful side. The carnival is more than merely a few days of exuberant, clamarous jollity. The traditional philosophy of Cologne is demonstrated in carnival, that life only makes sense when it is spiced with nonsense.

«Kölle alaaf!» Lorsque le cri de guerre de dizaines de milliers de «fous» – à Cologne, on les appelle «Jecken» – retentit dans la ville épiscopale, c'est alors que Cologne se présente sous son aspect le plus ouvert et le plus gai. Le Carnaval, c'est bien plus que quelques jour où l'on se laisse aller à une gaieté bruyante. Le Carnaval, pour les habitants de Cologne, c'est l'occasion d'exprimer cette vieille philosophie du cru selon laquelle la vie n'a de sens que lorsqu'on la pimente parfois de nonsens.

Il grido di prammatica delle associazioni carnevalistiche di Colonia è »Kölle alaaf!«, che durante queste giornate di follia si sente su tutte le strade della città. Regna un' atmosfera gaia, ilare e rilassata ed il carnevale significa piú che non soltanto qualche sprazzo di rumoroso divertimento. Nel carnevale si manifesta la filosofia tradizionale degli abitanti della città renana, che la vita ha solo senso, se ogni tanto la si mette a confronto con azioni insensate.

Der Turm des Richmodis-Hauses, nur wenige Schritte vom Neumarkt entfernt, hält die Erinnerung an eine Kölner Sage wach: Als die Pest um die Mitte des 14. Jahrhunderts in Köln wütete, raffte sie auch Richmodis, eine jungverheiratete Patrizierin, dahin. Um ihren Schmuck zu stehlen, öffneten Grabräuber nachts die Familiengruft an der nahen Apostelkirche. Die nur scheintote Richmodis erwachte und wankte die wenigen Schritte nach Hause zurück. Doch ihr zu Tode erschrockener Mann wollte ihr nicht öffnen, eher galoppierten seine Pferde auf den Turm des Hauses hinauf, als daß sie, seine soeben zu Grabe getragene Gattin, lebend vor der Türe stünde, so meinte er. Und schon hörte man die Pferde nach oben stürmen… Die beiden Schimmelköpfe, die heute aus dem Turm weit über den Neumarkt schauen, wurden erst wieder 1958 dort angebracht. Ihre Vorgänger, die aus dem eigentlichen Richmodis-Haus in einer Parallelstraße blickten, fielen wie dieses Zerstörung und Verfall anheim. So übertrag sich die Sage auf das jetzige »Richmodis-Haus«, in dem übrigens 1838 der Komponist Max Bruch geboren wurde.

The tower of the Richmodis house, only a few paces from the Neumarkt, is a reminder of an old Cologne legend: in the middle of the C14, when the plague was raging in Cologne, it also carried off a newly-wed patrician woman, Richmodis. In order to steal her jewels, grave-robbers opened the family vault at the Apostelnkirche nearby during the night. Richmodis, who was only seemingly dead, awoke and staggered back the few steps to her house. Her husband was frightened to death however, and did not want to open the door to her; it was his opinion that his horses would sooner gallop on the tower of his house than that his wife, who had been laid in her grave so recently, would stand outside the door – and already the horses could be heard rushing upwards… The two horses heads which today look from the tower high above the Neumarkt were only put there in 1958. Their predecessors, which had looked down from the original Richmodis house in a parallel street, were destroyed together with the ruined house. In this way the legend was transferred to the present »Richmodis House« in which, incidentally, the composer Max Bruch was born in 1838.

La tour de la maison de Richmodis, à quelques pas du Nouveau Marché, évoque une légende. Alors que la peste faisait des ravages à Cologne, au milieu du XIVe siècle, elle emporta également Richmodis, la jeune épouse d'un patricien. Afin de dérober ses bijoux, des pilleurs de tombes profitèrent de la nuit pour violer le caveau de la famille, à côté de l'église des Saints-Apôtres toute proche. Richmodis, qui n'avait de la mort que l'apparence, s'éveilla alors et parcourut en chancelant les quelques pas qui la séparaient de sa demeure. Mort de peur, son mari refusa de lui ouvrir, disant qu'on lui raconte plutôt que ses chevaux grimpaient au galop en haut de la tour de la maison, qu'on ne lui ferait pas croire que son épouse, que l'on venait de mettre en terre, se tenait debout, vivante, devant la porte de la maison. C'est alors que l'on entendit le galop des chevaux… Les têtes de deux chevaux blancs en haut de la tour, regardant au loin de l'autre côté du Nouveau Marché, y ont été placés en 1958 seulement. Et ce n'étaient pas ceux-là qui surmontaient la véritable maison de Richmodis, dans une rue voisine, aujourd'hui disparue, avec ses chevaux. On a déménagé la légende, on l'a transférée à l'actuelle «maison de Richmodis», maison où est né le compositeur Max Bruch, en 1838.

La torre della casa di Richmodis, distante solo pochi passi dal Neumarkt ci porta alla memoria un'antica leggenda di Colonia: allorchè, verso la metà del trecento esplose la peste a Colonia, fece vittima anche una giovane nobildonna appena sposata, Richmodis. Di notte rapinatori violarono la cripta di famiglia presso la chiesa Apostelnkirche, per rubare i suoi gioielli. La Richmodis però morta solo in apparenza, si risveglio e a malapena raggiunse l'abitazione a pochi passi distante. Il marito spaventato a morte no le volle aprire la porta – disse, che era piú versosimile che i cavalli salissero sulla torre della casa, che la moglie, appena defunta, stesse davanti alla porta. In quest'istante sentí i cavalli nitrire, che stavano salendo al galoppo sulla torre… Le due teste dei cavalli bianchi, che oggi guardano dalle finestre della torre sul Neumarkt e sulla città, furono installate di nuovo soltanto nel 1958. I loro predecessori che guardavano dalle finestre della casa di Richmodis, che originariamente si trovava nella strada parallela, furono distrutti durante la guerra. La leggenda però si trasferí sulla odierna »Richmodishaus«, nella quale vide la luce del mondo nel 1838 il famoso compositore Max Bruch.

Die Kirche an der Nordwestecke des Neumarkts steht auf karolingischen Fundamenten und wurde von den Erzbischöfen Heribert und Pilgrim in den Jahren 1000 bis 1024 erbaut. Ende des 12. Jahrhunderts wurde der Ostchor neu errichtet – ein gewaltiger, in sich ruhender Kleeblatt-Bau, wie er in der niederrheinischen Romanik öfter vorkommt und über dem sich – zum ersten Mal übrigens – eine offene Kuppel wölbt. 1219 weihte Erzbischof Engelbert die umgebaute Kirche. Man vermutet, daß der ungewöhnliche Name »St. Aposteln« von der byzantinischen Prinzessin und deutschen Kaiserin Theophanu (um 950 bis 991) stammt, der Gemahlin Kaiser Ottos II., der Köln viel verdankt, und die nicht weit von hier, in St. Pantaleon begraben liegt. Die Krypta von St. Aposteln wurde während des Dreißigjährigen Krieges, als die Kirche im Zeichen des Barock innen neu gestaltet wurde, zugeschüttet. Erst beim Wiederaufbau von St. Aposteln nach den Zerstörungen des Zweiten Weltkriegs wurde sie wieder freigelegt.

The church at the north-east corner of the Neumarkt stands on Carolingian foundations and was built by the archbishops Heribert and Pilgrim in the years 1000 to 1024. At the end of the C 12 the east choir was rebuilt, a mighty trefoil building, as is to be found frequently in the lower Rhenish Romanesque style, over which – for the first time incidentally – an open cupola arches. In 1219 Archbishop Engelbert consecrated the altered church. It is thought that the unusal name »St Aposteln« comes from the Byzantine princess and German empress Theophano (c. 950 to 991), the Queen-Consort of Emperor Otto II, who did much for Cologne and is buried not far from here in the St Pantaleon. The crypt of St Aposteln was filled up during the Thirty Years War when the interior of the church was given a Baroque appearance. It was only uncovered again when St Aposteln was rebuilt after the damage caused by the Second World War.

Construite sur les fondations d'un édifice carolingien, cette église s'élevant au coin nord-ouest du Nouveau Marché a été édifiée par les archevêques Héribert et Pilgrim, de 1000 à 1024. Reconstruit vers la fin du XIIe siècle, le chœur est un édifice impressionnant et massif au plan en feuille de trèfle, caractéristique fréquente du style roman du Rhin inférieur mais à laquelle s'ajoute – pour la première fois – une coupole ouverte. Ces transformations achevées, l'église a été consacrée par l'archevêque Engelbert en 1219. On suppose que le nom peu commun de «Saints-Apôtres» lui vient de Theophanu (vers 950–991), princesse byzantine et impératrice allemande, épouse de l'empereur Otton II, à laquelle Cologne doit beaucoup et qui est ensevelie non loin de là, dans l'église Saint-Pantaléon. La crypte des Saints-Apôtres fut remblayée, à l'époque de la guerre de Trente Ans, lorsque l'intérieur de l'église fut refait en style baroque. C'est seulement lors de la reconstruction des Saints-Apôtres, après les destructions de la Seconde Guerre mondiale, que cette crypte fut dégagée.

Al fronte nordoccidentale della piazza Neumarkt si erige su fondamenta dell'epoca carolinga la chiesa St. Aposteln, fatta costruire dal 1000 al 1024 dagli arcivescovi Heribert e Pilgrim. Verso la fine del 12. secolo fu eretto il coro orientale, una massiccia fabbrica a pianta di quadrifoglio con unico cupolone, fatto raro dello stile romano della Bassa Renania. Nel 1219 l'arcivescovo Engelbert consacra la chiesa rinnovata. Si suppone, che il nome inusitato, St. Aposteln, derivi dalla principessa bizantina ed Imperatrice tedesca Theophanu (circa 950 al 991), la moglie dell'Imperatore Ottone II, alla quale Colonia deve molto e che è sepolta, non lungi da qui, a St. Pantaleon. La cripta di St. Aposteln fu sepolta dalle macerie durante la guerra dei Trent'anni, allorché la chiesa fu rifatta in chiave barocca. Soltanto durante la ricostruzione dopo la Seconda Guerra Mondiale la cripta fu sterrata e rimessa in sesto.

Um die Wende vom 16. zum 17. Jahrhundert wurde das Zeughaus gebaut, ein ansprechender, langgestreckter Ziegelbau, dessen in den Stadtfarben Rot und Weiß gestrichene Fensterläden von weither Aufmerksamkeit wecken. Das Gebäude diente bis zur Einnahme Kölns durch die Französische Revolution 1794 als Waffenarsenal der Stadt. Auf seiner Südseite ruht es auf Resten der einstigen römischen Stadtmauer, die auch ein gutes Stück zwischen der Zeughausstraße und der Burgmauer in Richtung Römerturm weiterläuft. Im Zeughaus ist heute das Kölnische Stadtmuseum untergebracht. Ein Besuch dieses Museums ist unbedingt empfehlenswert. Erst hier werden an zahlreichen Modellen der Stadt- und Architekturentwicklung Zusammenhänge deutlich, die sich infolge der Kriegszerstörungen und des Wiederaufbaus der fünfziger und sechziger Jahre verloren haben. Darüber hinaus bietet das Museum eine Fülle an Exponaten zur Geschichte der Stadt Köln.

The arsenal was built at the turn of the C17. It is a pleasing long brick building with red and white shutters, the city's colours, which catch one's attention from afar. Until the French revolutionary troops captured Cologne in 1794 the building had served as the city's ordinance depot. Its south side rests on the remains of the former Roman city wall which also runs a good way further between Zeughausstraße and the castle wall towards the Roman tower. Today Cologne's city museum is housed in the arsenal. The museum is well worth a visit since the models of city and architectural development show clearly the coherence that was lost as a result of war damage and the rebuilding of the 50s and 60s. In addition the museum houses a quantity of exhibits concerning the history of the city of Cologne.

Bel édifice en briques tout en longeur, dont les volets peints en rouge et blanc aux couleurs de la ville attirent l'attention de loin, l'Arsenal a été construit au tournant des XVIe et XVIIe siècles. Il abrita l'arsenal de la ville jusqu'à la prise de Cologne par les troupes de la Révolution française, en 1794. Le côté sud repose sur les restes de l'ancienne enceinte romaine qui se prolonge entre la Zeughausstrasse et les murs du château, vers la tour des Romains. Aujourd'hui, l'édifice abrite le Musée Municipal de Cologne. La visite de ce musée est fort intéressante. Les nombreuses maquettes retraçant l'évolution de la ville et de son architecture y mettent en lumière une continuité par ailleurs perdue en raison des destructions de la guerre et de la reconstruction effectuée dans les années cinquante et soixante. En outre, ce musée possède de riches collections témoignant de l'histoire de Cologne.

A cavallo del cinquecento e seicento fu costruito l'Arsenale, un piacevole edificio in cotto, le cui tapparelle dipinte nei colori cittadini, rosso e bianco attiravano l'attenzione già da lontano. L'edificio serviva come magazzino delle armi della città fino all'arrivo delle truppe rivoluzionarie francesi nel 1794. Sul lato meridionale poggia sulle mura antiche della vecchia cinta romana, che si snoda per un bel pezzo tra la Zeughausstrasse e le mura del castello in direzione del Römerturm. Nell'Arsenale oggi si trova il museum Civico di Colonia, la cui visita è molto consigliabile. Paragonando i diversi modellini si riscontra lo sviluppo dell'architettura urbana, dopo le distruzioni belliche ed il seguente rinnovo tra gli anni cinquanta e sessanta. Inoltre il museo presenta tanti altri esempi della storia di Colonia.

56 Der Römerturm

Er ist das besterhaltene Überbleibsel der einstigen mächtigen römischen Stadtmauer: der Nordwestturm. Er steht an der Ecke Zeughaus- und St.-Apern-Straße, am Rande des sanierten Friesenviertels und des sogenannten Kölner Antiquitätenviertels. Sein Ziegelmauerwerk ist aufgelockert und verziert durch Mosaiken in Gestalt von Kreisen, Bögen, ganzen Bändern aus Stein und Ziegeln. Die zinnenartige Krone freilich ist keineswegs römisch. Sie wurde Ende des vorigen Jahrhunderts auf den oberen Rand des Turms gesetzt, offensichtlich als Reverenz vor dem neugotischen Geschmack der Gründerzeitgeneration. Im Mittelalter diente der Römerturm als öffentliche Bedürfnisanstalt, und das dürfte ihn davor bewahrt haben, irgendwann abgetragen und anderweitig neu verbaut zu werden!

56 The Roman Tower

It is the best-preserved remnant of the former mighty Roman city wall: the north-west tower. It stands on the corner of Zeughaus- and St Apern-Straße on the edge of the reconstructed Fresian district and the so-called Cologne antique district. Its plain brickwork is broken up and decorated with mosaics in the form of circles, arches and whole bands of stone and brick. The battlement-like coronet is of course not Roman. It was placed on the top rim of the tower at the end of the last century, evidently to pay homage to the neo-Gothic taste of the late industrial era. In the Middle Ages the Roman tower was used as a public convenience and this probably prevented it from being pulled down at some time or other and used to build something new elsewhere!

56 La tour des Romains

C'est le vestige le mieux conservé de l'imposante enceinte romaine de jadis : la tour nord-ouest. Elle se dresse entre l'Arsenal et la St.-Apern-Strasse, en bordure du quartier rénové des Frisons et du quartier dit des Antiquités. La construction en briques est allégée par une ornementation, motifs de cercles, arcs ou frises, réalisée au moyen de pierres et de briques disposées en mosaïques. Naturellement, la couronne crénelée ne date pas de l'époque romaine. Ajoutée à la fin du siècle dernier, elle sacrifie au goût pour le style néogothique en vogue à l'époque de l'industrialisation. Au Moyen-Age, la tour des Romains faisait office de lieux d'aisance publics. C'est cela sans doute qui lui a évité d'être détruite, peu à peu, brique après brique, pour d'autres chantiers de construction !

56 La Torre Romana,
il Römerturm

La torre antica, situata a nord-ovest è la rovina in stato di conservazione migliore della tanto imponente ex-muraglia cittadina. Si trova sull'angola della Zeughaustrasse ed Apernstrasse, alla periferia del rione risanato del Friesenviertel e del cosidetto rione dell'Antiquariato. Le mura in cotto sono decorate con disegni musivi astratti come archi, cerchi e fregi in pietra ed in cotto. La corona merlata però non è dell'epoca romana. Fu aggiunta verso la fine del secolo scorso, un riferimento al gusto neogotico dell'epoca del Gründerstil. Nel medioevo la Torre Romana serviva come gabinetto pubblico e questa destinazione probabilmente la ha salvata dalla demolizione per usarla come mucchio di mattoni!

Der Fernsehturm im Inneren Grüngürtel symbolisiert den Anspruch der Stadt Köln, zur Spitze der europäischen Medienzentren vorzustoßen. In Deutschland wetteifert sie damit mit München und Hamburg, aber seit dem Fall der Mauer auch mit Berlin. Die Stadt Köln hat sich zu einem ambitiösen Projekt entschlossen: fast zu Füßen des »Colonius«, auf dem Gelände des ehemaligen Güterbahnhofs Gereon, in idealer Innenstadtrandlage, entsteht der neue »Media Park«. Hier soll sich ansiedeln, was immer zum weitgesteckten Bereich der Medien gehört. Es wird Forschungszentren geben, Studios, Lehrstätten, eine Art Medienakademie. Hier sollen sich in der Medienstadt Köln Produzenten, Regisseure, Schauspieler, Journalisten und Techniker bei Arbeit, Forschung und Freizeit begegnen. Der »Media Park« wird davon profitieren, daß Köln längst eine lebendige Medienstadt mit fünf Rundfunk- bzw. Fernsehsendern und zahlreichen Verlagen ist, er wird aber auch neue Impulse für die Stadt bringen, die sich so auf den Weg ins dritte Jahrtausend nach ihrer Gründung macht.

57 »Colonius«

The television tower on the inner green belt symbolizes the pretension of the city of Cologne to advance to the top of the European media centres. In Germany it competes with Munich and Hamburg, and also with Berlin since the fall of the wall. The city of Cologne has decided on an ambitious project: on the site of the former freight depot of Gereon, almost at the foot of »Colonius« in an ideal situation at the edge of the inner city, the new »Media Park« is being built. Here anything to do with the vast field of media is welcome: there will be research centres, studios, schools, a sort of media academy. Here in the media city of Cologne, producers, directors, actors, journalists and technicians will be able to meet in their work, research and recreation. The »Media Park« will profit from the fact that Cologne is already a lively media centre, with five radio and television stations and numerous publishers, but it will also bring a new impulse to the city as a preparation for the third millenium since its foundation.

57 «Colonius»

La tour de la télévision, dans la Ceinture Verte Intérieure, symbolise l'ambition de Cologne d'occuper une place de choix parmi les grands centres de communication européens. En Allemagne, Cologne rivalise avec Munich et Hambourg et, depuis la chute du «mur», avec Berlin. La ville de Cologne a conçu un projet ambitieux. Presque au pied du «Colonius», sur l'emplacement de l'ancienne gare de marchandises Géréon, terrain jouissant d'une situation idéale en bordure du centre ville, la ville aménage un «Media Parc» où seront réunies toutes les structures touchant au vaste domaine des média. Il y aura un centre de recherche, des studios, des lieux de formation, une sorte d'académie des media. Cologne, ville des media, est en train de se doter d'un lieu de rencontre où se côtoieront producteurs, metteurs en scène, acteurs, journalistes et techniciens, que ce soit dans le travail, l'étude ou les loisirs. Le «Media Parc» profitera de la longue tradition de Cologne dans ce domaine, ville des media possédant cinq émetteurs de radio-télévision et de nombreuses maisons d'édition. Mais il apportera aussi de nouvelles impulsions à la ville qui s'engage ainsi dans son troisième millénaire depuis sa fondation.

57 »Colonius«

La Torre della televisione all'interno della cerchia dei giardini è simbolo delle ambizioni di Colonia di passare all'avanguardia dei mass media in Europa. In Germania si vede in concorrenza con le città di Monaco ed Amburgo, ma dal momento del crollo del muro fra le due Germanie entra nel giro anche Berlino. La città di Colonia si è decisa per un progetto molto ambizioso: quasi ai piedi del »Colonius« sull'area del fu scarico-merci delle ferrovie Gereon, in posizione quasi ideale alle periferia del centro, viene creato il nuovo »Parco mass media«. Possono alloggiarvi tutti quelli che in qualche modo hanno da fare con questo ramo, insomma, una specie di Centro ricerche, Accademia con Studi e Scuole. Qui a Colonia dovranno darsi convegno produttori, registi, attori, giornalisti e tecnici nel comune lavoro, nelle ricerche e nella ricreazione. Il »Media Park« ne potrà aprofittarne, essendo Colonia già da parecchio tempo una città dei mass media con cinque trasmittenti di Radio e Televisione; con molte case editrici, e ci saranno ulteriori incentivi per la città, che così si affaccia aggiornata al suo terzo millenario dalla fondazione.

58 Grünanlage am Theodor-Heuss-Ring

58 Gardens on the Theodor-Heuss-Ring

58 Ceinture verte du Theodor-Heuss-Ring

58 Parco della circonvallazione Theodor-Heuss-Ring

Innerhalb des mittelalterlichen Stadtbereichs, also zwischen dem Rhein und den heutigen Ringstraßen, hat Köln nur sehr wenige Parks und Grünanlagen. Das gedrängte römische und mittelalterliche Stadtbild ließ keinen teuren Platz für solche Flächen, solchen »Luxus«. Erst nachdem Anfang der achtziger Jahre des 19. Jahrhunderts die mittelalterliche Stadtmauer fast ganz abgerissen wurde und parallel zu ihrem Verlauf auf den Gräben die Ringstraßen als repräsentative Boulevards entstanden, wurden dabei zusammenhängende Grünflächen angelegt. Die verheerenden Zerstörungen des Krieges, aber auch die unbegreiflichen Sünden der Nachkriegsplaner haben davon jedoch nicht viel übriggelassen. Nur im Bereich des Sachsenrings und am Theodor-Heuss-Ring gibt es noch kleine, grüne Oasen. Sie sind freilich auf den beiden Seiten eingeschnürt vom flutenden Verkehr – eher Blickfang für das Auge als wirkliche Orte der Ruhe, des Ausspannens.

Cologne has very few parks and gardens within the bounds of the mediaeval city, between the Rhine and the present-day ring roads. The crowded Roman and mediaeval town left no valuable space for such areas, such »luxury«. Only at the beginning of the 1880s were the mediaevel town walls almost completely pulled down and the ring roads built as boulevards on the ditches parallel to them, whereby continuous stretches of green were laid out. After the devastation of the war and also the incomprehensible sins of the post-war planners, there is not much left of this however. Only in the region of the Sachsenring and the Theodor-Heuss-Ring small green oases remain. Unfortunately they are cut off on both sides by streams of traffic – more a sight for the eye than actual places of quiet and relaxation.

Cologne ne possède que très peu de parcs et espaces verts à l'intérieur des limites de la ville médiévale, c'est-à-dire entre le Rhin et les boulevards périphériques actuels. La densité de construction des villes romaine et médiévale ne permettait pas de disposer de terrains, trop précieux, pour y aménager de tels espaces, un «luxe». Pour voir apparaître de véritables espaces verts, il faut attendre le début des années quatre-vingts du siècle dernier, après que l'on eut presque entièrement rasé l'enceinte médiévale et construit, sur un tracé parallèle à ses fossés, les boulevards représentatifs du Ring. Cependant, les terribles destructions de la guerre, mais aussi les incompréhensibles erreurs des urbanistes d'après-guerre, n'en ont pas laissé grand chose. Seuls le Sachsenring et le Theodor-Heuss-Ring ont conservé de petits îlots de verdure qui sont, bien sûr, enserrés entre les flots de la circulation – plus que des lieux de calme et de détente, c'est surtout un plaisir pour les yeux.

All'interno dell'antica città, cioé tra Reno e le odierne circonvallazioni, a Colonia si trovano pochi parchi e giardini. Il centro storico romano, ristrutturato nel medioevo era ristretto, per tale lusso non erano previste delle aree. Soltanto dopodiché negli anni ottanta dell'ultimo secolo furono demolite quasi del tutto le antiche mura di cinta medievali, e lungo i terrapieni furono costruite le strade di circonvallazione come lussosi vialoni, furono anche progettati dei giardini di misure piú vaste. I danni catastrofici dell'ultima guerra non erano tanto piú gravi che i peccati urbanistici del dopoguerra che non lasciarono piú di tanto. Solo dalle parti del Sachsenring e del Theodor-Heuss-Ring esistono ancora piccole oasi verdi. Sono però ristretti da ambo i lati dal traffico rombante – rappresentano piú che altro un alibi per il comune che non come luogo di ricreazione e riposo.

59 Blick vom »Colonius«

Den weitesten Rundblick hat der Besucher vom Fernsehturm am Inneren Grüngürtel. Hier sieht man über die Stadt und die Kölner Bucht, die im Westen vom Vorgebirge, einem traditionellen Obst- und Gemüseanbaugebiet, und vom Braunkohlentagebau, im Osten von den Ausläufern des Bergischen Landes begrenzt wird. Der Turm ist mit 243 Metern das höchste Bauwerk der Stadt, und selbst die Aussichtskanzel überragt mit ihren 170 Metern die beiden Spitzen der Domtürme noch um gut 13 Meter. Seinen Namen »Colonius« erhielt der Fernsehturm in einem von der größten Kölner Tageszeitung, dem »Kölner Stadt-Anzeiger«, angeregten Leserwettbewerb. In Köln, dessen Dialekt wirklich für alles und jedes noch eine liebevoll-spöttische Bezeichnung findet, hat eben alles einen Namen, eine Adresse… Colonius, Innere Kanalstraße 100!

59 View from »Colonius«

The visitor to the television tower on the inner green belt has the most extensive all round view. Here one can see over the city and the Cologne Embayment, which is bounded in the west by hills where fruit and vegetables are traditionally grown and by lignite mining, and in the east by the foothills of the Bergisches Land. With its 800 feet, the tower is the tallest building in the city, and even the observation platform with its 560 feet is a good 40 feet higher than the tips of the cathedral towers. It was given the name »Colonius« as the result of a readers' competition organized by the largest daily newspaper in Cologne, the »Kölner Stadt-Anzeiger«. The Cologne dialect finds an affectionately ironic term for everything possible, and it all has a name and address… Colonius, Innere Kanalstraße 100!

59 Vue du «Colonius» sur la ville

C'est de la tour de la télévision, sur la Ceinture Verte Intérieure, que le visiteur découvre le plus large panorama sur la ville et sur la dépression de la Kölner Bucht limitée à l'ouest par le Vorgebirge, région traditionnelle de culture de fruits et légumes et d'exploitation à ciel ouvert des gisements de lignite, et par les contreforts du Bergisches Land à l'est. Avec ses 243 mètres de hauteur, cette tour est l'édifice le plus élevé de la ville et, bien que située à 170 mètres de hauteur seulement, sa plate-forme panoramique surplombe encore de 13 bons mètres les deux flèches de la cathédrale. La tour de la télévision doit son nom de «Colonius» à un concours de lecteurs organisé par le plus grand quotidien de Cologne, le «Kölner Stadt-Anzeiger». Dans cette ville de Cologne, dont le dialecte trouve toujours, pour tout et pour rien, une appellation amicalement moqueuse, tout a un nom et une adresse… Colonius, Innere Kanalstrasse 100!

59 Vista dal »Colonius«

Il panorama piú vasto della città offre la torre televisiva nella cerchia interna dei giardini. Da qui si vede sulla città, e la conca di Colonia, che ad ovest è formata da un promontorio, dove si coltivano tradizionalmente ortaggi e frutta, e si ricava lignite ed ad est dagli ultimi contrafforti del Bergisches Land. La torre, alta 243 metri è l'édificio piú alto della città e persino la cabina panoramica alta 170 metri sovrasta le guglie delle torri del Duomo di 13 metri abbondanti. Il nome »Colonius« fu dato alla torre in seguito ad una inchiesta fra i cittadini, promossa dal giornale piú grande, »Kölner Stadtanzeiger«. A Colonia, dove per tutto si trova almeno un'espressione ironico-umoristica in dialetto gli fu conferito persino l'indirizzo: Colonius, Innere Kanalstrasse nr. 100!

Ein abendlicher Blick rheinaufwärts, von der Zoobrücke. Der Strom, hier schon zwischen vier- und fünfhundert Metern breit, und die zweitausend Jahre alte, junge Stadt gehören zueinander, sie sind jedes für sich allein nicht vorstellbar. Köln ohne seinen Rhein, mag er inzwischen auch zur größten Kloake Europas degradiert worden sein? Der Rhein ohne »sein« Köln? Nicht nur eingefleischte Kölner spüren nach ein paar Jahren in der Domstadt, was es mit dieser zähen, stillen Sehnsucht auf sich hat, die in einem der Lieder des volkstümlichen Komponisten Willi Ostermann (1876–1936) weiterschwingt: »Ich mööch zo Foß noh Kölle gon.« Ich möchte zu Fuß nach Köln zurück… welcher Kölner hat das nicht auch schon gespürt?

An evening view up the Rhine from the Zoo bridge. The river, which is here already between four and five hundred yards wide, and the two-thousand-year-old young city belong together, one cannot imagine one without the other. Cologne without its Rhine, although in the meantime it has been degraded to the largest sewer in Europe? The Rhine without its Cologne? Not only the staunch inhabitants of Cologne feel after a couple of years in the cathedral city what this quiet tenacious longing is all about, which is echoed in one of the songs of the popular composer Willi Ostermann (1876–1936): »Ich möch zo Foß noh Kölle gon.« – I want to wander back to Cologne… Is there an inhabitant of Cologne who hasn't felt that at some time?

Vue du Zoobrücke vers l'amont du Rhin, au crépuscule. Le fleuve, atteignant ici une largeur de quatre à cinq cents mètres, et la ville deux fois millénaire mais si moderne, sont étroitement liés, inséparables l'un de l'autre. Cologne sans le Rhin, même si ce fleuve est devenu le plus grand cloaque d'Europe ? Le Rhin sans Cologne ? Et les habitants de souche ne sont pas les seuls à avoir ce sentiment, il suffit de passer quelques années dans la ville épiscopale pour comprendre la ferveur tranquille et obstinée vibrant dans l'un des chants du compositeur du pays Willi Ostermann (1876–1936): «Ich mööch zo Foß noh Kölle gon.» – Je voudrais rentrer à pied à Cologne… Quel habitant de Cologne n'a jamais ressenti cela ?

Dal ponte dello Zoo guardiamo verso sud sul Reno. Il fiume, che qui si allarga a quattro, cinquecento metri e l'antica citta bimillenne, sempre giovane si intrecciano a simbiosi. Una senza l'altro è inimmaginabile. Colonia senza il suo Reno, anche se frattanto è soltanto una delle piú grandi fogne d'Europa? Il Reno senza la sua Colonia? Non soltanto gli indigeni, ma anche dopo aver soggiornato qualche anno nelle città del Duomo si rendono conto della sentore di nostalgia, che è stata fatta musica dal compositore popolare Willi Ostermann (1876–1936) in una delle sue canzoni dialettali: »Ich mööch zo Foß noh Kölle gon.« – Ritornerei a Colonia persino a piedi… Un sentimento diviso da molti innati o soltanto residenti.